DENNIS GIRA

LE BOUDDHISME À L'USAGE DE MES FILLES

ÉDITIONS DU SEUIL
27, rue Jacob, Paris VIe

ISBN 2-02-033543-3

À mes filles, Emmanuelle et Véronique, afin qu'elles soient toujours ouvertes au dialogue et fassent ainsi la découverte joyeuse de l'universalité de la soif de vérité qui les habite.

J'adresse mes remerciements affectueux à toutes celles qui ont apporté leur contribution à la parution de cet ouvrage et spécialement à mon épouse et à mes nièces, Marion et Emeline, qui ont si gentiment accepté de relire le manuscrit et de le critiquer.

Introduction

La demande qui m'a été faite d'écrire ce petit livre me permet de réaliser le rêve que je faisais depuis longtemps : prendre le temps de vous expliquer, à vous mes filles, ce qui emplit ma vie. Il me semble d'ailleurs que je vous le dois parce que vous avez parfois souffert de mes absences : les semaines et les mois de recherche au Japon, les journées et les week-ends entiers de sessions, dans diverses villes de France et de l'étranger, les multiples conférences en région parisienne, sans parler des cours à l'université et des longues soirées passées à étudier, tout cela m'a pris beaucoup de temps. Mais cela vous a fait comprendre que le bouddhisme était vraiment une tradition importante, si importante qu'elle est devenue en quelques décennies la quatrième religion de France. Eh oui ! tout comme le christianisme, l'islam et le judaïsme, le bouddhisme, lui aussi, a désormais droit à l'antenne dans le cadre des émissions religieuses du dimanche matin (à une heure où d'ailleurs vous dormez toujours !), et c'est pourtant un privilège qui n'est accordé qu'avec parcimonie. Je vous dois cette explication aussi parce que, de votre côté, vous m'avez beaucoup aidé à « comprendre » le bouddhisme. Presque tout ce que j'ai publié sur le sujet porte vos traces. Et je ne parle pas seulement des taches de chocolat que mes éditeurs ont pu trouver sur mes premiers manuscrits (je n'avais pas, à l'époque, d'ordinateur qui m'aurait permis de tout réimprimer) ; je ne parle pas non plus des « fautes de frappe » que nous avons pu faire ensemble – car lorsque vous étiez petites, vous adoriez m'aider à taper mes manuscrits ! Non, cela va beaucoup plus loin : vous m'avez réellement aidé à saisir le sens de cette tradition.

Lorsque vous aurez lu ce livre, j'espère que vous saisirez mieux ce qu'est le bouddhisme et que vous comprendrez aussi pourquoi votre père a pu passer la plus grande partie de sa vie à l'étudier, alors même qu'il a toujours essayé de vous aider à vivre pleinement la tradition chrétienne. Vous découvrirez enfin comment, même si l'on ne choisit pas de suivre cette voie, la rencontre du bouddhisme peut être une expérience extraordinairement enrichissante – à condition toutefois de s'en donner les moyens. Pour cela, il ne faut pas accepter trop vite les idées toutes faites et peu critiques qui circulent au lycée, à la fac et, souvent, dans les médias. Ces idées vous agacent un peu, car vous savez, et vous avez raison, que les choses ne peuvent pas être aussi simples que certains sympathisants du bouddhisme le prétendent. Vous savez également que ceux qui ne voient qu'un effet de mode dans l'intérêt que suscite cette tradition caricaturent eux aussi la réalité, mais en sens inverse. Derrière les schématisations et les propos superficiels trop largement diffusés, il y a en effet des enseignements très élaborés, qui reflètent l'expérience spirituelle extrêmement profonde de centaines de millions de bouddhistes, d'abord de ceux qui ont façonné des siècles d'histoire en Asie, mais aussi de ceux qui vivent en France aujourd'hui.

Comment pourtant, en si peu de pages, partager avec vous une certaine connaissance du bouddhisme et de ses multiples visages, et puis aussi le goût, ou plutôt la passion, du dialogue avec les bouddhistes ? Il y a certainement là un véritable défi. Dans un premier temps, nous irons à la rencontre des diverses écoles bouddhistes que l'on peut découvrir en France, mais sachez déjà que l'on retrouve à peu près les mêmes dans tous les autres pays occidentaux. Dans un deuxième temps, sans trop utiliser ces termes techniques qui rendent parfois illisibles les livres et les articles qui sont écrits sur le bouddhisme (y compris les miens !), je vous expliquerai, aussi clairement et aussi simplement que possible, l'essence de ce que j'ai pu comprendre après plus de vingt-cinq années d'études. Mais vous me connaissez trop bien pour imaginer que je puisse mettre de côté l'exigence intellectuelle que j'ai toujours attendue de vous. D'ailleurs, c'est bien le manque d'exigence qui est le plus souvent à la source de ces images du bouddhisme qui vous choquent, et qui ne me satisfont pas non plus – mais pour des raisons sans doute différentes des vôtres. Et puis, si je vous connais bien, je suis sûr que vous aurez envie de savoir aussi pourquoi les Occidentaux, et particulièrement les Français, s'intéressent tellement au bouddhisme. Eh bien, j'essaierai aussi de répondre à cette question en ouvrant pour vous quelques pistes de réflexion.

Juste un dernier mot d'avertissement. Il faut savoir qu'entrer dans une autre culture, dans une autre religion, c'est un peu comme entrer dans l'une des maisons que nous avons vues, il y a quelques années, lors d'un voyage au Japon. Il faut laisser vos chaussures à l'extérieur et, avec elles, vos idées sur la manière d'aménager l'intérieur. Sinon vous serez comme un Américain que j'avais amené un jour chez des amis japonais. À peine entré dans la maison, il me demanda pourquoi il n'y avait ni chaises ni table dans ce qu'il pensait être la salle à manger. En restant dans la logique d'un intérieur occidental, il s'était tout de suite mis dans l'impossibilité de comprendre la cohérence, et donc la beauté, de cette maison. Quel dommage ! Ne faites pas cette erreur quand nous entrerons dans l'édifice bouddhique. Prenez le temps d'apprécier sa cohérence interne. N'oubliez jamais que nous le « visitons » d'abord pour mieux le connaître et non pas pour le critiquer. Nous voulons tout simplement comprendre pourquoi tant de personnes à travers l'histoire s'y sont senties vraiment chez elles et écouter ce qu'elles ont à nous dire.

1

Une forêt d'« arbres bouddhiques »

Vous vous êtes beaucoup promenées avec votre mère et moi un peu partout en France et vous avez joué dans les jardins de nombreux temples bouddhiques pendant que nous parlions avec les moines ou les moniales du lieu. Avoir ainsi déjà perçu la grande diversité qui existe à l'intérieur du bouddhisme vous aidera sans doute à mieux comprendre ce premier chapitre ; il y a là en effet quelque chose qui, parfois, trouble les gens lorsqu'ils abordent cette tradition pour la première fois. Votre expérience a été renforcée par notre voyage au Japon. Vous vous rappelez comme vous vous sentiez bien dans le Higashi Hongan-ji, cet immense temple qui se trouve tout près de la gare de Kyoto ? Vous aimiez beaucoup regarder les gens qui venaient s'y recueillir devant les statues du Bouddha. Mais d'autres temples vous ont paru plus froids, vous aviez plus de difficultés à comprendre ce qui s'y passait, et ils vous plaisaient beaucoup moins. Ce que vous ne saviez pas, c'est que ces différences que vous ressentiez confusément reflètent en réalité des manières très diverses de vivre le bouddhisme, des diversités qui sont d'ailleurs encore plus visibles en France où l'on trouve en effet non seulement le bouddhisme japonais, mais aussi le bouddhisme tibétain, vietnamien, cambodgien, laotien, chinois, thaïlandais, etc.

Comme vous étiez petites lors de ces voyages, nous allons prendre le temps de « revisiter » quelques-uns de ces lieux où, pour la première fois, et sans même le savoir, vous avez rencontré des bouddhistes !

Si ma mémoire est bonne, les temples qui, en France, vous ont le plus impressionnées se rattachent à l'une ou l'autre école de la tradition tibétaine. Cette forme de bouddhisme est celle qui est la plus « connue » en Occident aujourd'hui et c'est en grande partie grâce aux nombreuses visites, toujours très médiatiques, du dalaï-lama. Il est vrai que c'est un homme extraordinaire qui, avec son peuple, a beaucoup souffert, pour des raisons que vous connaissez. Mais il est important de préciser tout de suite que le dalaï-lama n'est pas, même si les journaux aiment à le présenter ainsi, « le pape de 300 millions de bouddhistes », et il ne tient d'ailleurs nullement à l'être. Ceci dit, il faut reconnaître que l'influence morale qu'il exerce dans le monde bouddhique, surtout en Occident, dépasse largement l'autorité qui est la sienne : s'il est clair en effet que ses fonctions politiques concernent le seul peuple tibétain, tout le monde ne réalise pas que ses fonctions spirituelles, elles, ne concernent en réalité qu'un très faible pourcentage de bouddhistes dans le monde. Pour en revenir à la France, sachez qu'il existe environ cent trente centres et temples tibétains, dont certains sont très importants. Vous en avez visité un en Bourgogne, celui des Mille Bouddhas, et il vous a beaucoup frappées. Pendant près de deux heures vous l'avez regardé de tous les côtés, et vous avez été très impressionnées par les couleurs, les diverses divinités (qui d'ailleurs vous semblaient parfois assez effrayantes), les drapeaux ou bannières de prières, les moulins à prières, les gens qui méditaient... Et pendant que vous faisiez l'inventaire des lieux, nous avons eu la chance, votre mère et moi, de rencontrer de jeunes Français qui y avaient fait la fameuse retraite de trois ans, trois mois et trois jours. Il y avait même une jeune femme qui l'avait faite trois fois ! Avec eux, nous avons parlé de cette retraite bien sûr, mais aussi d'autres aspects du bouddhisme tibétain : les rites, la méditation, etc. Si jamais vous avez l'occasion d'assister à ces rites, vous verrez à quel point ils peuvent être riches – mais aussi complexes : cela va souvent ensemble ! Chaque geste, chaque objet est porteur de sens. Et vous serez sans doute intriguées par la manière dont les participants récitent les *sutras* (textes bouddhiques contenant les sermons du Bouddha) ou d'autres textes, car ils le font le plus souvent en tibétain (bien que certains centres aujourd'hui fassent un effort pour traduire ces textes en français). J'ajoute qu'on peut faire cette retraite de trois ans ailleurs qu'en Bourgogne : il y a par exemple le centre de Karma Ling en Savoie, et puis celui de Kundreul Ling en Auvergne, dans le Puy-de-Dôme. Ce dernier est le plus grand des centres tibétains de méditation avec huit enceintes de retraite réservées à plus d'une centaine de retraitants !

Il n'est pas nécessaire de continuer cette énumération. Je voulais seulement attirer votre attention sur la diversité qui existe au sein de la tradition bouddhique. Nous allons donc faire un petit saut dans l'espace pour en venir à une tout autre forme de bouddhisme. Vous n'étiez pas avec nous quand nous avons visité des temples et des salles de pratique *(dôjô)* zen en France. Mais au Japon vous avez visité plusieurs de ces temples zen dont les bâtiments sont toujours d'un dépouillement si étonnant : c'était presque l'exact opposé de ce qui vous avait tellement impressionnées dans les temples tibétains. En France aussi, les centres zen invitent au silence, dans tous les sens du terme. Et ce dépouillement chante toute une manière de vivre l'expérience bouddhique. Les rites (car il y en a aussi dans le zen) sont sobres, et ils contrastent avec les rites tibétains et ceux de beaucoup d'autres formes de bouddhisme. Dans la plupart des centres zen du pays (environ une centaine de lieux où l'on peut pratiquer le zen de manière régulière) vous entendrez sans doute les pratiquants réciter des textes (relativement peu), ou certaines formules, dans une autre langue étrangère ; le plus souvent il s'agira du japonais. Il faut préciser qu'il existe aussi des centres zen d'inspiration coréenne, vietnamienne ou chinoise. Est-ce que les gens comprennent ce qu'ils lisent ou récitent par cœur ? Peut-être, car les traductions sont disponibles (un peu comme dans les missels d'autrefois, où les catholiques pouvaient trouver la traduction française des prières latines que le prêtre disait quand il célébrait la messe). Mais certains de mes amis français qui pratiquent le zen me disent qu'en réalité, ce n'est pas d'abord pour leur sens que l'on récite ces textes mais que ce sont plutôt la sonorité, le rythme, etc., qui aident le pratiquant à se libérer de sa manière habituelle de penser et d'analyser les choses, et qui l'amènent à un autre niveau de conscience. Néanmoins, il faut se rappeler qu'au Japon les grands maîtres, eux, comprennent, et dans les moindres détails, les textes qu'ils récitent. Les moines avec qui j'ai étudié au Japon s'efforçaient, exactement comme je le faisais, de pénétrer le sens des textes fondamentaux de toutes les traditions bouddhiques. Mais il faut savoir que dans le zen, la première pratique est celle du *zazen*, c'est-à-dire d'une posture assise particulière – celle du lotus (avec des variantes pour ceux qui ne peuvent pas y arriver) – qui permet la plus grande concentration. Je dois avouer que je la maîtrise très mal – en fait je n'ai jamais pu la réussir. Quoi qu'il en soit, vos souvenirs des temples zen au Japon et ce que je viens de vous dire sur les centres en France vous montrent suffisamment à quel point le zen, en tout cas vu de l'extérieur, est différent de la tradition tibétaine.

Le nombre de lieux où l'on peut pratiquer le bouddhisme zen et le bouddhisme tibétain (ou simplement s'informer sur ces pratiques) témoigne du succès de ces deux formes de bouddhisme chez les Français. Mais il existe aussi beaucoup d'autres centres bouddhiques en France, et il faut en dire un mot. Sinon, vous n'arriveriez à comprendre ni la complexité du bouddhisme ni sa richesse. Je ne sais pas si vous vous rappelez le soir où, il y a déjà plusieurs années, nous avions invité à dîner une jeune Française avec son fiancé cambodgien. Un prêtre catholique nous avait demandé de les aider à réfléchir sur les enjeux du dialogue entre christianisme et bouddhisme et sur la manière dont ils pourraient se nourrir de ce dialogue dans leur vie de couple plutôt que de ne jamais rien exprimer (tentation terrible) de tout ce qui concernerait la dimension religieuse de leur vie personnelle. Ce jeune Cambodgien fréquentait l'un des temples bouddhistes qui ont été créés pour répondre aux besoins matériels et spirituels des réfugiés et des immigrés arrivés des pays du Sud-Est asiatique (principalement du Cambodge, du Laos et du Vietnam) à la suite des graves difficultés que ces pays ont traversées. Dans ces centres (il y en a quelques dizaines en France), on trouve une ambiance qui ressemble à celle que vous avez tellement aimée dans certains temples du Japon : là en effet se croisent des moines expérimentés, enracinés dans la contemplation, et des gens simples qui viennent présenter leurs offrandes au Bouddha et lui confier tous les soucis de leur vie quotidienne. La plupart des personnes qui fréquentent ces temples en France sont donc des bouddhistes de naissance, ils viennent de familles qui sont bouddhistes depuis des générations, et cela donne un tout autre visage à leur tradition. À l'avenir, ces temples seront peut-être une interface supplémentaire entre le bouddhisme et les Français, car les maîtres de ces traditions du Sud-Est asiatique commencent à se demander comment ils pourraient répondre aussi aux besoins spirituels des Français.

Il existe encore une autre forme de bouddhisme, c'est la Sôka Gakkai (Société pour la création des valeurs). Mais il faut que je vous dise tout de suite que les bouddhistes, en France et ailleurs, ne sont pas tous d'accord pour considérer cette tradition comme authentiquement bouddhiste. On peut les comprendre un peu parce que la Sôka Gakkai se présente souvent elle-même comme la seule vraie forme de bouddhisme. Beaucoup disent qu'elle pratique un type de prosélytisme agressif qui fait d'elle une secte plutôt qu'une école du bouddhisme. En effet, la Sôka Gakkai va beaucoup plus loin que les autres écoles pour que l'enseignement du Bouddha puisse être accessible au plus grand nombre (conférences, brochures sur les centres, utilisation des médias, etc.). Je comprends ces critiques car j'ai eu de petits problèmes avec la Sôka Gakkai au Japon où elle compte plus de dix millions de membres. À l'époque (il y a près de vingt-cinq ans), il ne fallait surtout pas laisser son adresse tomber entre les mains des membres de cette école. Sinon, on avait droit à une avalanche de coups de téléphone, de visites à domicile, etc. Pourtant je n'irai pas jusqu'à dire qu'il s'agit d'une secte. D'abord, il n'est pas facile de définir ce mot avec justesse, et puis je connais des personnes qui ont été véritablement aidées par la Sôka Gakkai. Mes vrais problèmes avec cette forme de bouddhisme sont plutôt d'ordre théorique et concernent l'interprétation qu'elle fait de l'enseignement de certains maîtres japonais et du *Sutra du Lotus*, qui est un texte fondamental vénéré par la plupart des écoles bouddhiques en Extrême-Orient (je vous épargne les détails !). Il faut ajouter que, depuis des années, la Sôka Gakkai est devenue beaucoup moins agressive. Cependant, sa manière extrêmement forte d'affirmer qu'elle est la seule vraie forme de bouddhisme trouble beaucoup ses coreligionnaires, et surtout ceux qui voudraient montrer que le bouddhisme est la religion tolérante par excellence. Mais vous ne risquez pas de visiter un de ses « centres » car l'organisation de la Sôka Gakkai diffère totalement de celle des autres écoles. En effet, elle est organisée en un réseau de petites cellules de quinze à vingt personnes (il y en a des centaines en France) qui se réunissent régulièrement pour réfléchir ensemble sur le sens de l'enseignement fondamental de leur école et pour répéter la formule : *« Namu Myôhô Renge-kyô.* / Adoration au *Sutra du Lotus de la Loi merveilleuse ! »* Le titre de ce texte est censé contenir toute la puissance du *sutra* lui-même, si bien que celui qui prononce cette formule avec foi se nourrit, en quelque sorte, de cette puissance et en bénéficie dans sa vie quotidienne. On entre donc là dans un monde encore différent.

Vous vous demandez sans doute comment on peut parler du bouddhisme tout court. C'est du moins ce que me demandent très souvent mes étudiants. La métaphore de l'arbre bouddhique pourra vous aider à y voir plus clair. Cet « arbre » a commencé à pousser au VIe siècle avant notre ère, en Inde du Nord. Il est donc profondément enraciné dans le sol indien, c'est-à-dire dans le milieu social et religieux de l'époque. Nourri de ce terreau pendant des siècles, l'arbre bouddhique a grandi et a pris une certaine forme : celle de l'arbre bouddhique indien, si vous voulez. Et puis les premiers missionnaires bouddhistes ont déraciné cet arbre et l'ont emporté avec eux jusque dans des pays lointains, en Chine par exemple. Là, ils ont compris que l'arbre ne pourrait pas survivre sous sa forme originelle parce que le sol y était trop différent de celui de l'Inde. Ils lui ont donc greffé des éléments des traditions chinoises, le taoïsme et le confucianisme entre autres. Et cela lui a permis de s'adapter à son nouvel environnement. Mais tout au long de ce processus, la forme de l'arbre s'est modifiée. C'est ainsi qu'est « né » l'arbre bouddhique chinois. Au Japon, c'est cet arbre chinois qui a été transplanté, après être passé par la Corée. Les greffes qui y ont été faites l'ont donc été avec des éléments de la tradition japonaise ancienne que nous appelons le shintô ; il s'en est ainsi trouvé modifié. Et le même processus s'est répété dans tous les pays d'Extrême-Orient, y compris au Tibet.

Ici, en France, nous sommes dans une situation inédite puisque bon nombre de tous ces arbres bouddhiques se retrouvent au même endroit en même temps. C'est donc devant toute une « forêt » que nous nous trouvons maintenant. Et le défi, pour les bouddhistes comme pour ceux qui veulent connaître leur tradition, consiste à montrer (ou à découvrir) ce que ces arbres ont en commun et qui justifie ceux qui veulent parler *du* bouddhisme tout court au lieu de toujours parler *des* bouddhismes ; mais il faut aussi respecter l'originalité de chacun de ces « arbres », car cette diversité reflète toute la richesse de la tradition bouddhique. C'est d'ailleurs le projet de l'Union bouddhiste de France, créée en 1986, et à laquelle appartiennent environ 80 % des associations bouddhiques du pays.

Comment découvrir cette unité ? Survoler cette forêt risque d'être une expérience déconcertante. Pour analyser chaque « arbre », il faudrait des équipes de spécialistes des diverses sciences humaines, des ethnologues, des linguistes, des anthropologues, des sociologues, des historiens des religions, etc. Vous voyez la difficulté ! Mais il existe une autre approche, beaucoup plus riche : nous pouvons d'abord, très humblement, faire un effort pour découvrir la sève unique qui donne vie à tous ces arbres, en revenant au tout début de leur longue histoire. Ensuite, nous pourrons mieux saisir, dans leurs grandes lignes, quelques-uns des développements les plus importants de l'histoire du bouddhisme. Si vous vous intéressez à un « arbre » particulier, vous pourrez trouver des livres qui vous aideront à mieux le connaître. De cette manière, vous pourrez plus facilement replacer chaque forme de bouddhisme dans un contexte plus large. Si vous êtes attentives à ce qui se passe dans le milieu religieux français, vous serez peut-être témoins de la naissance d'un tout nouvel arbre bouddhique, l'arbre bouddhique occidental (ou peut-être même « français »), qui sera le résultat des greffes faites avec des éléments de la pensée occidentale et de la tradition judéo-chrétienne.

Notre projet se dessine donc peu à peu. Si vous êtes prêtes, nous allons maintenant nous lancer dans l'« étude » du bouddhisme en commençant par un petit voyage dans l'espace et dans le temps jusque dans l'Inde du VIe siècle avant notre ère, là où sont nés le Bouddha et le bouddhisme. Vous n'avez même pas besoin d'un passeport. Il suffit de tourner la page !

2

Pour comprendre l'histoire du Bouddha

Si nous faisons ce voyage jusque dans l'Inde d'il y a plus de deux mille cinq cents ans, c'est d'abord pour rencontrer le Bouddha. Mais pour que cette première rencontre soit fructueuse, il faut vous ouvrir à une tout autre manière de comprendre et d'interpréter la condition humaine. Sinon, vous aurez du mal à saisir ce qu'a été aussi bien son expérience d'Éveil (Bouddha veut dire « l'Éveillé ») que l'enseignement à travers lequel il voulait partager, avec tous les êtres vivants, la vérité qu'il avait découverte.

Le fait même d'utiliser l'expression « êtres vivants » au lieu d'« hommes » ou d'« humanité » est significatif. Il vous invite à entrer en douceur dans cette autre vision du monde. En effet, une des premières choses à noter est que le bouddhisme n'est absolument pas anthropocentrique : dans cette tradition, tout être vivant, qu'il soit humain ou non (jusqu'aux insectes et autres petites bêtes que vous aimez si peu !), est enfermé, en quelque sorte, dans un cycle incessant de naissances et de morts que l'on nomme – mais cela n'a rien à voir avec le parfum du même nom ! – le *samsara* (un mot qui signifie en fait « écoulement circulaire »). Après sa mort, l'être vivant renaît, et il peut le faire comme homme bien sûr, mais aussi comme divinité ou *deva* (il y a toutes sortes de divinités, amicales ou hostiles), comme animal, comme esprit affamé (ceux-ci sont représentés dans l'iconographie bouddhique comme des êtres fantomatiques avec un ventre énorme mais une bouche tellement petite qu'ils ne peuvent pas se nourrir), ou encore comme damné des enfers, chauds ou froids, que décrit la cosmologie bouddhique. Chez des amis au Japon, j'ai vu des représentations de ces enfers tels qu'on les décrit dans les écritures bouddhiques. Eh bien, je peux vous dire que l'enfer tel qu'on l'imagine en Occident a l'air d'un jardin d'enfants à côté de ceux-là ! Mais il faut ajouter tout de suite que l'existence en tant que damné n'est pas plus éternelle que les autres existences, pas plus, par exemple, que celle des divinités les plus élevées.

La forme sous laquelle un être renaît dépend de la qualité des actes qu'il aura posés dans ses vies antérieures, et la manière dont il se comporte dans sa vie actuelle aura une influence sur ses existences à venir. C'est là le déroulement inexorable de la « loi karmique » (le *karma* est l'acte avec les conséquences qu'il entraîne). Cette vision des choses aide à résoudre ou plutôt à éviter des problèmes qui ont fait couler beaucoup d'encre chez nous à travers les siècles – en particulier, celui de la souffrance des « innocents », c'est-à-dire le problème du mal. En effet, dans le contexte du *samsara* et du *karma*, si un enfant est né dans la misère, c'est qu'il n'est pas vraiment « innocent ». Le fait de naître dans ces conditions ne relève ni du hasard, ni de la volonté de Dieu, car la notion même d'un dieu à la fois personnel et absolu est de toute façon inimaginable pour les bouddhistes (nous en découvrirons les raisons plus loin). Toute naissance est le résultat, ou le fruit, des actes négatifs, c'est-à-dire égocentriques (ou « égotiques », pour utiliser un terme que les bouddhistes en France emploient souvent), qui ont été posés dans des vies antérieures. Si quelqu'un souffre aujourd'hui, il n'est pas nécessaire de chercher bien loin pour savoir pourquoi. Son malheur est toujours lié aux actes qu'il a posés dans le passé. Il ne peut donc qu'assumer cette condition et, dans l'espace de liberté qui est le sien, essayer de poser des actes positifs qui lui assureront une naissance ultérieure moins malheureuse. Ou, mieux encore (infiniment mieux selon le bouddhisme !), il peut chercher la vérité qui lui permettra de sortir définitivement du cycle des naissances et des morts. C'est en effet cette vérité libératrice que le Bouddha a trouvée après une longue aventure intérieure et qu'il a décidé de dévoiler pour le bénéfice de tous.

Mais pourquoi faudrait-il essayer d'échapper définitivement au *samsara* ? Ne suffirait-il pas de faire le nécessaire au cours de chaque existence pour que la prochaine soit agréable ? Après tout, est-il si mauvais de renaître comme homme chaque fois qu'on meurt, ou de devenir un jour une divinité ? Ces questions, il se peut que vos amis qui croient à la réincarnation (de style occidental !) vous les posent. Il faut simplement leur dire que les bouddhistes ont un autre regard sur ce qu'implique le fait de passer d'existence en existence dans le *samsara*. Pour eux, la question de savoir si renaître est bien ou mal, mieux ou moins bien, ne se pose même pas, ou plutôt ne devrait pas se poser, car elle a un gros point faible : elle ne prend pas en considération la « longueur » du cycle des morts et des naissances. Or, c'est justement ce qui fait du *samsara* une véritable prison.

Pour exprimer cette dimension « temporelle » du cycle des vies et des morts, les bouddhistes emploient le mot *kalpa* (que l'on traduit parfois par le mot « âge », ou par son équivalent, dans les textes disponibles en langues occidentales). Mais ce terme n'est sans doute pas assez parlant pour qui l'entend pour la première fois ! Comment faire comprendre à quel point la notion de *kalpa* relativise tous nos discours sur le temps ? Au lycée, vous avez fait toutes les deux une première scientifique, et j'imagine que, si je parlais de « puissances », vous comprendriez quelque chose, mais moi non. Je préfère les métaphores que les bouddhistes eux-mêmes ont toujours employées pour aider les gens à mieux réfléchir à ce qu'implique le fait d'être prisonnier du *samsara*. Savez-vous par exemple qu'un seul *kalpa* est égal au temps qu'il faudrait pour faire disparaître l'Himalaya si, une fois tous les trois siècles, on l'effleurait avec un tissu extrêmement fin ! Et figurez-vous qu'il y a autant de *kalpas* qu'il y a de grains de sable dans le Gange ! Alors, je vous laisse faire le calcul, mais regardez bien des photos de l'Himalaya et du Gange avant de commencer ! Tout ce qu'on peut dire, c'est que, pour un bouddhiste, passer de vie en vie dans ce cycle, pendant des *kalpas* et des *kalpas*, c'est vraiment tout sauf un cadeau. Voici un petit texte qui l'illustre bien :

Quelle est la plus grande [masse d'eau] ? Le torrent des larmes que vous répandez en gémissant et en pleurant dans votre course, votre interminable voyage, unis comme vous l'avez été à ceux qui ne vous sont pas chers, séparés de ceux qui vous sont chers, ou bien les ondes des quatre océans ? C'est le torrent de larmes que vous avez répandues dans votre course, dans votre voyage qui l'emporterait. Pendant bien des jours vous avez souffert la mort d'une mère, d'un fils, d'une fille, la ruine de vos parents riches, les calamités des maladies. Quelle est la cause de tout cela ? C'est que le début de ce voyage est inconnaissable. Un âge est long. Il n'est pas facile de compter sa durée en disant tant d'années, tant de siècles, tant de milliers de siècles... [Ici le texte compare le nombre de *kalpa*s au nombre de grains de sable dans le Gange, puis il continue...] Il n'est point facile, ô moines, de trouver un être qui pendant ces jours innombrables n'a pas été une fois une mère, un père, un frère, une sœur, un fils, une fille. Comment cela ? Inconnaissable, ô moines, est le début de ce voyage. La première phase n'est point révélée de la course continue, du voyage des êtres que retarde l'ignorance, qu'entravent les appétits. Et c'est ainsi, ô moines, que vous avez longtemps souffert des maux, de la douleur, de la misère, et que les charniers se sont agrandis.

(Extrait du *Samyutta nikâya* II, 178 *sq.*) (1)

Si vous réfléchissez un peu à ces paroles, vous comprendrez pourquoi un grand nombre de chercheurs de la vérité à l'époque qui nous intéresse, et parmi eux le Bouddha, ont déployé toute leur énergie pour trouver un moyen d'échapper au *samsara*. Vous pouvez imaginer aussi pourquoi l'idée même de vouloir renaître la fois suivante dans une situation « agréable » leur semblait affreusement vaine. Ce que vous ne verrez peut-être pas, c'est l'urgence qu'il y a à utiliser cette vie pour mettre tout en œuvre pour échapper au *samsara*. Quand j'entends des sympathisants du bouddhisme dire à la télévision que ce qu'ils apprécient dans le bouddhisme c'est qu'« il n'y a pas le feu car nous avons du temps devant nous » (des milliards de vies), je pense toujours à ce que m'ont dit plusieurs des amis moines avec qui j'ai étudié au Japon et en France. Quand tu es née, Emmanuelle, j'ai invité l'un d'entre eux chez nous, à Tokyo, et, de manière très japonaise, c'est-à-dire avec une exquise politesse, il nous a dit : « Félicitations ! » Comme je le connaissais très bien, je me suis permis de lui demander de quoi il pouvait nous féliciter, car il me semblait que ta mère et moi avions simplement participé à créer des circonstances qui permettait à un être vivant de continuer à tourner en rond dans le *samsara*. C'était au tout début de mes études, et il était aussi au début des siennes. Il m'a répondu que cette analyse était sans doute vraie, mais j'avoue que cela m'a beaucoup déçu car j'étais certain que les bouddhistes avaient quelque chose de plus intéressant à dire sur le sujet. Trois ans plus tard, Véronique, j'ai annoncé ta naissance, ici à Paris, à un autre ami bouddhiste. J'attendais de lui une réponse plus subtile car il s'agissait d'une personne d'expérience, envoyée en France par son temple du Japon pour faire des études approfondies sur des manuscrits chinois très anciens, « hébergés » à la Bibliothèque nationale. Or, sa réponse m'a étonné. C'était la même : « Félicitations ! » Je lui ai évidemment répété la réflexion que j'avais faite la première fois. Il m'a cité alors une histoire souvent racontée dans les pays bouddhistes pour parler de l'urgence qu'il y a à s'engager dès maintenant sur la voie bouddhique. Il faut savoir que l'homme est le seul être à pouvoir faire l'expérience de la sagesse nécessaire pour échapper au *samsara*. Or, expliquait l'histoire, la possibilité de naître comme homme dans le cycle des naissances et des morts est très faible. Et la possibilité de naître comme homme dans une période où il y a aussi un Bouddha (ce qui arrive une fois par *kalpa* !) et où l'on peut entendre effectivement sa parole est encore plus rare. C'est comme si une tortue, dans un océan immense, sortait la tête pour prendre un peu d'air et, ce faisant, la mettait juste dans le trou du seul morceau de bois flottant à la surface. Les félicitations du moine étaient donc vraiment justifiées, car tes parents t'avaient donné la possibilité de rencontrer le Bouddha et donc de t'engager sur sa voie. Sans doute y aurait-il d'autres occasions à l'avenir, mais dans combien de *kalpas* ?

Mais qui est donc ce Bouddha dont il est si urgent d'entendre l'enseignement ? Je vais bien sûr répondre à cette question, mais il faut d'abord dire très clairement que quiconque tient vraiment à savoir « exactement » qui il est sera déçu. Pourquoi ? Tout simplement parce que le Bouddha « historique », celui dont la vie s'inscrit dans la période ridiculement courte de ces quelques milliers d'années qui font l'objet de nos recherches proprement historiques, n'est que la pointe d'un iceberg gigantesque, dont la plus grande partie reste cachée sous l'océan du *samsara*. Que dire, en effet, des innombrables vies antérieures pendant lesquelles il a accumulé des mérites et approfondi sa sagesse pour arriver enfin à sortir une fois pour toutes du cycle des morts et des naissances ? Là, il nous faut abandonner tout critère historique et essayer simplement de comprendre le sens profondément spirituel, mais sans fondement « historique », des textes qui, précisément, parlent de ces vies antérieures : exercice très frustrant pour la plupart des Occidentaux, tous formés par des écoles qui n'attachent de valeur qu'à une étude scientifique de l'histoire.

Or, notre attachement à des critères historiques peut faire obstacle à la découverte du sens de la dernière vie du Bouddha, celle qui s'est déroulée en Inde du Nord, il y a environ deux mille cinq cents ans et pendant laquelle il a fait l'expérience de l'Éveil. En effet, nous avons trop tendance à vouloir savoir « exactement » ce qui s'est passé, à vérifier tous les détails. Nous voulons être certains que les mots attribués au Bouddha furent véritablement les siens… Mais si nous restons dans cet état d'esprit, nous nous mettons dans une mauvaise disposition car « l'histoire » du Bouddha, telle qu'elle est racontée dans les textes, souligne plutôt la vérité spirituelle qu'il a vécue. En les lisant, on a souvent l'impression qu'il s'agit d'une mise en scène faite pour ouvrir les lecteurs (au début il s'agissait plutôt d'auditeurs, car tout cela vient d'une tradition orale) à la vérité que ce Maître exceptionnel avait vécue. En restant trop attaché à des critères historiques, on risque de passer à côté de la richesse de l'expérience et de l'enseignement du Bouddha, sous prétexte qu'on ne peut pas être certain que les choses se soient véritablement déroulées ainsi. Il va sans dire que les bouddhistes sont plus sensibles aux intentions de leurs aînés et ont moins de problèmes que nous pour accueillir ces textes ; si mise en scène il y a, elle est là pour aider chacun à mieux comprendre que l'expérience du Bouddha est essentiellement celle de tout homme, où qu'il se trouve sur cette terre. Chacun est invité à réfléchir aux réponses qu'il donne aux grandes énigmes de l'existence qui ont toujours troublé le cœur de l'homme : la souffrance, la vie, la mort… Si, mettant en pratique les conseils donnés par le Bouddha, une personne résout effectivement ces énigmes et arrive ainsi à se libérer de ce qui pèse sur elle dans cette vie, elle ne renoncera sûrement pas à cette expérience sous prétexte qu'il lui est impossible de vérifier le détail des récits auxquels elle a accès. Et si elle s'adonne aux mêmes pratiques mais sans résultat, elle ira chercher ailleurs, même si les historiens lui montrent l'exactitude de tout ce qui a été écrit sur l'expérience du Bouddha.

Tout ça peut vous sembler un peu compliqué mais c'est essentiel si vous voulez vraiment sentir ce qui fait la force du bouddhisme. En effet, à partir de maintenant, je vais constamment faire appel à votre expérience, et non pas à des critères scientifiques, pour que vous essayiez de « vérifier » tout ce que je vais vous dire de la vie et de l'enseignement du Bouddha. En ce sens, il est beaucoup plus facile de parler du Bouddha que de parler, par exemple, de Mahomet. L'expérience du prophète de l'islam ne sera jamais la vôtre. Vous ne pouvez qu'écouter et essayer de comprendre ce qui est dit de lui, ce qui lui a été révélé et ce qu'il dit lui-même. Avec le Bouddha, c'est très différent : tous ceux qui entendent son histoire doivent comprendre qu'il s'agit de leur propre histoire, de leur propre expérience. Il n'y a pas de vérité « révélée », comme nous disons, car il n'y a pas de Dieu personnel parlant à l'homme d'une Vérité qui lui serait, sans cela, inaccessible. Chacun peut comprendre la vérité libératrice que le Bouddha a découverte, chacun peut en faire l'expérience dans sa vie quotidienne. Bien sûr, cela ne se fait pas sans effort. Mais, cet effort, nous allons le faire ensemble, en commençant par une petite méditation sur la naissance du Bouddha et sur les « événements » qui ont marqué son itinéraire spirituel jusqu'à son expérience d'Éveil. Si vous avez une vingtaine de minutes devant vous, tournez la page. Si vous préférez attendre demain, essayez pendant votre temps libre de trouver une formule mathématique pour mesurer la « longueur » d'un *kalpa* ! Courage !

Note

(1) Cité dans *La Pensée de Gotama, le Bouddha*, textes choisis et présentés par Ananda K. Coomaraswamy et I. B. Horner, Pardès, Puiseaux, 1987, p. 232-233.

3

L'itinéraire spirituel du Bouddha

Avec ce que vous avez lu plus haut sur la « longueur » du cycle des morts et des naissances, vous devinez que, lorsqu'on évoque l'itinéraire spirituel du Bouddha, on peut remonter très très loin dans le passé (des *kalpas* et des *kalpas* !), par exemple jusqu'à l'époque de Dîpamkara, l'un des bouddhas qui ont précédé « notre » Bouddha « historique ». Or, ce Dîpamkara fut très impressionné par l'attitude d'un certain Sumedha – c'était le nom que portait « notre » Bouddha en ce temps-là. (Soyez patientes, une fois que nous arriverons à notre époque, les choses deviendront beaucoup plus simples !) Il alla jusqu'à prophétiser que Sumedha deviendrait lui aussi, un jour, un Bouddha, qui porterait le nom de Gautama. En entendant cette prophétie, Sumedha, plein de joie et d'enthousiasme, se lança sur ce que les bouddhistes appellent la Voie du *bodhisattva*, c'est-à-dire sur la Voie des êtres *(sattva)* voués à la recherche de l'Éveil *(bodhi)*. Devenu *bodhisattva*, durant cette vie-là et chacune de celles qu'il vécut tout au long des *kalpas* suivants, il se consacra donc aux pratiques nécessaires pour que les perfections qui caractérisent un être pleinement éveillé puissent mûrir en lui.

Les textes qui racontent quelques-unes (environ cinq cents) de ses innombrables vies sont très beaux. Ils illustrent les diverses vertus qui font la grandeur de la voie bouddhique : sagesse, compassion, générosité, patience... Tout cela prépare le lecteur ou l'auditeur de ces récits à mieux réfléchir à la dernière vie du Bouddha ; pour les êtres de notre époque, en effet, c'est évidemment la plus importante puisque c'est à ce moment-là qu'il a enfin découvert la vérité que, depuis des siècles, les bouddhistes disent libératrice. Dans ce chapitre, c'est donc essentiellement de cette vie-là que nous allons parler, même s'il faut toujours garder à l'esprit que le véritable itinéraire du Bouddha a commencé bien avant. Je vous laisse le soin, si cela vous intéresse, de lire vous-même l'histoire des vies antérieures du Bouddha. (1)

Avant de vous parler de la dernière vie du Bouddha telle qu'elle est racontée dans l'ensemble des textes bouddhiques, je dois néanmoins vous dire en un mot ce qui, dans ces textes, est plus ou moins accepté par la majorité des historiens. Le Bouddha est né il y a environ vingt-cinq siècles en Inde du Nord (inutile ici de donner des dates plus précises puisqu'elles varient selon le pays et selon l'école bouddhique à laquelle on se rattache). Il faisait partie d'une famille aristocratique appartenant à la caste des guerriers et des princes, c'est-à-dire à la caste qui se situe juste en dessous de celle des prêtres brahmanes (de la religion brahmanique). Ces derniers étaient très puissants à l'époque et ils exerçaient sur la société une sorte d'hégémonie spirituelle. C'étaient les gardiens des textes révélés (les *Veda*) et surtout des formules ou paroles sacrées qui, seules, donnaient leur efficacité aux sacrifices que l'on pratiquait alors. La famille du Bouddha, installée près du village de Kapilavastu au royaume de Kosala, jouissait d'une position importante dans le clan des Sâkya. Si cela vous intéresse, sachez que Kapilavastu se trouve au pied de l'Himalaya, à la frontière sud du Népal. Le nom patronymique du Bouddha était Gautama – vous le savez déjà – et son prénom, Siddhârtha. Voilà pour sa « fiche d'état civil » !

Le prince Siddhârtha, dont la vie n'était certainement pas aussi facile que le laissent entendre les récits, s'était marié et avait eu un enfant. Mais comme il n'arrivait pas à se satisfaire du monde relativement aisé dans lequel il vivait et qu'il était marqué par l'ambiance intellectuelle, spirituelle et politique de son époque (une période d'instabilité à tous les niveaux), il décida de quitter sa maison et de se consacrer complètement à la quête de la vérité – d'une vérité capable de libérer définitivement l'homme du *samsara*. Après de longues années de recherche, il la trouva finalement, et c'est ainsi qu'il devint le Bouddha (pour ne pas vous y perdre, rappelez-vous qu'on a l'habitude d'utiliser le titre de Bouddha pour désigner le prince Siddhârtha même avant l'expérience qui a fait de lui un « Éveillé » au sens strict du terme). Après sa découverte, le Bouddha partagea le fruit de son expérience avec ses contemporains pendant plus de quarante ans. Il mourut à l'âge de quatre-vingts ans, mais la communauté qui s'était constituée autour de lui a survécu jusqu'à nos jours, et cela malgré les différends qui ont surgi en son sein tout au long de l'histoire et qui continuent à la diviser encore aujourd'hui.

Il n'y a rien d'exceptionnel dans cette histoire, et c'est peut-être pour cela qu'elle ne heurte guère la sensibilité des historiens. Le Bouddha n'était pas le seul aristocrate de son époque à tout quitter pour se consacrer exclusivement à la quête spirituelle. Il n'est pas non plus le seul qui ait attiré des disciples, aussi bien par son style de vie que par son enseignement. Si nous voulons découvrir l'originalité du Bouddha, il nous faut donc entrer dans une lecture de cette histoire qui aille bien au-delà des limites qu'impose l'esprit critique occidental. Il faut essayer de trouver dans les récits de la vie du Bouddha ce qui a pu alimenter la vie spirituelle des hommes et des femmes qui, à travers les siècles, se sont engagés sur la voie libératrice qu'il avait tracée.

Commençons donc par le « commencement », c'est-à-dire par la naissance du prince Siddhârtha. Les sages qui les premiers ont vu ce prince ont constaté qu'il était doté de ce qu'on appelle « les trente-deux marques du grand homme indien ». Il s'agit là d'un terme technique sur lequel on pourrait écrire des livres entiers. Pour nous, l'important est de savoir que l'enfant qui porte ces marques est obligatoirement destiné à devenir ou bien un grand monarque dont le pouvoir s'étendra jusqu'aux extrémités de la terre ou bien un Bouddha. Vous avez déjà vu quelques-unes de ces marques lors de nos visites de divers temples bouddhiques. Vous vous rappelez votre étonnement, par exemple, lorsque vous avez constaté que les bras du Bouddha étaient beaucoup plus longs que les nôtres, ce qui se voit surtout lorsqu'il est représenté debout. Bien sûr, cela a une signification. Ces longs bras sont le signe et le fruit du don lorsqu'il a été pratiqué d'innombrables fois – et le don est l'une des vertus importantes de la vie d'un bouddhiste. Or, tendre le bras vers autrui est le geste qui symbolise cette vertu. Faites ce geste pendant quelques *kalpas* et vous verrez que vos bras à vous aussi risquent de s'allonger !

Il y a encore bien d'autres marques qu'on ne peut pas toutes représenter dans l'iconographie. Celle que j'apprécie le plus est « la voix brahmique », c'est-à-dire une voix semblable à celle de Brahmâ, le roi des dieux, une voix profonde comme le tonnerre, une voix pure et claire, qui s'entend au loin et fait les délices de ses auditeurs ; elle inspire le respect, elle est pénétrante, véridique et facile à comprendre, et puis c'est une voix qui ne lasse jamais : le rêve de tous les enseignants, et sans doute plus encore des étudiants qui, jour après jour, doivent les écouter ! Vous voyez comme l'iconographie bouddhique et les textes qui décrivent les marques du Bouddha peuvent être parlants ! Mais revenons à l'histoire du Bouddha.

L'un des sages qui avaient reconnu ces marques avertit le roi que son fils allait choisir de suivre la voie qui conduit à l'éveil spirituel plutôt que celle qui mène au pouvoir politique. Quand le roi lui demanda dans quelles circonstances le prince allait « quitter la maison » – expression qui, dans ce contexte, veut dire devenir moine mendiant –, le sage lui expliqua qu'il le ferait après avoir fait quatre rencontres décisives : celle d'un vieillard, celle d'un malade, celle d'un cortège funéraire et, finalement, celle d'un moine mendiant ! Le roi, qui voulait évidemment que son fils lui succède et devienne un grand monarque, fit tout pour que ces rencontres ne se produisent pas. Il construisit donc pour son fils plusieurs grands palais où la possibilité de faire des rencontres de ce genre était réduite au minimum : ni moines, ni vieillards, ni malades (la mort était ainsi éloignée) ne pouvaient franchir les portes des palais.

Le prince vécut ainsi longtemps dans l'insouciance. Il se maria et eut même un enfant. Mais ces palais n'étaient en réalité que des cages dorées, et le jour allait venir où le prince ferait ces inévitables rencontres.

Je me permets d'interrompre un instant cette histoire pour vous rappeler quelque chose d'essentiel. C'est que nous avons tous tendance à écouter cette histoire du roi et de son fils en oubliant que nous sommes directement concernés. En effet, chacun de nous agit dans la vie quotidienne exactement de la même manière que le père du Bouddha. Nous construisons tous des cages dorées pour nous protéger de ces rencontres avec la vieillesse, la maladie, la mort et même avec ce qui, dans la vie intérieure, pourrait nous interpeller. Alors, n'oubliez pas la « règle d'or » pour comprendre les textes bouddhiques : revenez à votre expérience personnelle et à ce que vous voyez autour de vous.

Pour comprendre comment cette « règle » fonctionne, je vous invite à réfléchir sur la manière dont on traite les personnes âgées dans les pays développés. Combien d'entre elles peuvent passer les derniers jours de leur vie chez elles, entourées de ceux qu'elles aiment et qui les aiment ? Et quand je dis « personnes âgées », je ne parle pas, bien sûr, des grands-parents épanouis et en bonne forme. Non, je parle de la véritable vieillesse, c'est-à-dire de cette période de la vie où toutes les capacités commencent à diminuer sérieusement : le corps devient un véritable fardeau (je vous épargne les détails), la mémoire et l'esprit se brouillent, la communication devient impossible... Je vous laisse le soin d'achever le tableau. Or, que faisons-nous de ces personnes ? Nous les installons dans des institutions superbes, souvent bien équipées, où les meilleurs docteurs, infirmières, diététiciens... peuvent s'occuper d'elles. Il y a bien sûr souvent de très bonnes raisons pour agir de cette façon avec ces personnes (qui souffrent simplement d'avoir vécu trop longtemps). Mais il y a aussi une mauvaise raison : personne n'aime vivre vingt-quatre heures sur vingt-quatre en voyant très exactement ce qui l'attend. Il est plus facile de construire une « cage dorée » et de se protéger ainsi de la dure réalité, comme le roi a voulu le faire pour son fils.

Nous aussi en effet nous avons nos « cages dorées » pour nous protéger de la maladie et de la mort. Observez nos manières de parler et vous verrez que le langage que nous utilisons reflète souvent des attitudes dont nous ne sommes quelquefois même pas conscients. J'ai toujours été frappé, par exemple, par l'expression que l'on entend si souvent : « Tous ceux qui vivent en France ont droit à la santé. » Cette réflexion est extraordinaire ! On pourrait affirmer que tout le monde a le droit d'être soigné, et c'est sans doute ce que l'on veut dire d'ailleurs. Mais alors pourquoi ne pas le dire ainsi ? Je parle régulièrement avec des personnes qui travaillent dans les milieux hospitaliers, et très souvent elles me disent leur désarroi quand certains malades se plaignent et jugent que les médecins, les infirmières, l'hôpital, la Sécurité sociale, le gouvernement ou les multinationales pharmaceutiques… sont responsables de leur maladie. Ce doit absolument être la faute de quelqu'un, parce qu'après tout ils ont « droit à la santé ». Encore une fois, le bouddhisme nous met face à la dure réalité : la maladie fait partie de la vie.

Quant à la mort… ! Que ne fait-on pas pour éviter sa rencontre ! Il y a une vingtaine d'années, votre grand-mère est décédée (on hésite même à utiliser le verbe « mourir » aux États-Unis), et je suis allé avec mes frères acheter un cercueil car nous voulions éviter cela à notre père. Là, j'ai eu la plus grande surprise de ma vie. À côté de cercueils de toutes sortes et de tous prix, il y avait un énorme coffre de béton qui pouvait contenir un cercueil. Une étiquette expliquait de quoi il s'agissait. Vous ne le croirez peut-être pas, mais voici ce que j'y ai lu, très joliment calligraphié : « Garanti contre les vers pour l'éternité » ! Qui dit mieux, en fait de cage dorée ? Maintenant, chaque fois que je lis l'histoire du Bouddha, je ne peux m'empêcher de penser à ce coffre, censé protéger l'intégrité corporelle de l'homme même après sa mort ! C'était vraiment le signe très clair et pitoyable de notre difficulté à accepter que la mort fasse, elle aussi, partie de la vie.

Pourtant, si le bouddhisme nous met sans complaisance ni ménagement devant les dures réalités de la vieillesse, de la maladie et de la mort, ce n'est certainement pas pour nous faire souffrir inutilement. Non, ces récits du début de l'itinéraire spirituel du Bouddha sont destinés à nous aider, à nous faire prendre conscience de la réalité, afin que nous puissions mieux y faire face. Car passer sa vie à tout faire pour éviter ces rencontres, c'est construire un monde totalement illusoire dont on est finalement soi-même la principale victime. Mais tout cela deviendra de plus en plus évident au fur et à mesure que nous allons découvrir les événements qui ont ouvert les yeux du prince Siddhârtha. Revenons donc au récit principal.

Un jour, le prince, en passant d'un palais à un autre, aperçut un homme qui marchait avec difficulté. Perplexe, il demanda à son cocher de quoi il s'agissait. Après quelques hésitations, ce dernier lui expliqua que cet homme marchait ainsi à cause du poids des ans. Le Bouddha lui demanda alors si c'était quelque chose qui arriverait uniquement à cet homme-là. Le cocher fut bien obligé de lui expliquer que personne n'était à l'abri de la vieillesse, pas même les rois les plus puissants (on voit bien là à quel point cette histoire est une sorte de mise en scène destinée à nous aider à réfléchir sur la condition humaine. Mais gardez bien à l'esprit que, plus que les détails, c'est la vérité de l'expérience racontée qui compte. Et qui oserait nier cette vérité ?). Totalement déconcerté par cette rencontre avec le vieillard, le prince revint chez lui ; là, il réfléchit à l'énigme de la souffrance. Ensuite, les récits nous content de la même façon les rencontres avec le malade et avec le cortège funéraire. Finalement, le prince décida de trouver, coûte que coûte, la vérité qui pourrait libérer définitivement l'homme du *samsara*, de ce cycle où la jeunesse fait inéluctablement place à la vieillesse, la santé à la maladie et la vie à la mort. Mais comment faire ? Tandis qu'il réfléchissait à cette question, il rencontra un moine mendiant. Frappé par la paix intérieure de cet homme qui pourtant ne possédait rien, il décida de quitter la maison pour se consacrer pleinement, comme lui, à la quête spirituelle.

Au fond, si le roi tenait tellement à préserver son fils de cette rencontre, c'est qu'il savait que ce qu'il y a de plus profond dans la quête spirituelle ne pouvait manquer d'interpeller son fils. Et vous voici encore une fois invitées à réfléchir à votre propre expérience. La déception que vous éprouvez quand vous voyez la manière dont votre foi chrétienne est présentée dans les médias, et souvent même à l'école, peut être un excellent point de départ pour cette réflexion. Nous avons souvent parlé ensemble des raisons pour lesquelles des personnes très intelligentes critiquent notre foi, la marginalisent et parfois la ridiculisent en se basant sur des images primaires et qui n'ont rien à voir avec la réalité que nous vivons. Il se peut simplement que ces personnes aient construit une « cage dorée » pour se protéger contre ce qui, dans le message évangélique, pourrait les interpeller. Je ne dis pas cela pour les critiquer car – restons lucides ! – nous faisons absolument la même chose quand nous découvrons dans l'Évangile quelque chose qui nous gêne vraiment ! Il ne faut pas oublier non plus que les croyants d'autres religions souffrent aussi. Pensez aux musulmans, par exemple : ils doivent souvent vivre sous le regard de voisins qui ne savent rien de leur foi et qui les jugent sévèrement à cause des atrocités commises ailleurs par des personnes qui contredisent ce qu'il y a de plus riche dans l'islam. Même les bouddhistes, malgré la courtoisie exceptionnelle dont ils bénéficient de la part de presque tout le monde, peuvent souffrir de l'ignorance de ceux qui ne les prennent pas au sérieux et ne font aucun effort pour comprendre le sens de leur démarche spirituelle.

À la suite de sa rencontre avec ce moine, le prince, décidé à poursuivre sa voie, annonça donc la nouvelle à son père. Le roi, désespéré, lui dit qu'il était prêt à exaucer tous ses désirs s'il acceptait de rester près de lui. Pour mieux aider son père (tout-puissant selon les critères du monde) à comprendre sa décision, Siddhârtha lui dit donc ceci : « Seigneur, je désire que vous m'accordiez quatre choses : la première – de rester pour toujours en possession des fraîches couleurs de la jeunesse ; la deuxième – que la maladie ne me touche jamais ; la troisième – que ma vie ne se termine pas ; et la quatrième – que mon corps ne se décompose pas. » Accablé par son impuissance, le roi fut plongé dans le désespoir. Alors, le prince, riche de l'expérience de ses rencontres, ajouta : « Si je ne peux éviter ni la vieillesse, ni la maladie, ni la mort, ni la décomposition de mon corps, faites en sorte qu'au moins après la mort je ne renaisse plus jamais. »

Selon la tradition, après ce face-à-face implacable et tendre avec son père, le prince s'investit totalement dans sa quête de vérité. Pour y parvenir, il se livra à toutes les pratiques qui, à l'époque, étaient censées conduire à la libération. Il dépassa en prouesses les grands maîtres de méditation qu'il avait choisis pour lui servir de guides spirituels, et il atteignit des états de concentration très profonds, semblables à ceux des divinités les plus élevées ; mais il n'obtint pas pour autant les résultats escomptés, à savoir la libération totale et définitive du cycle des morts et des naissances.

Il se livra ensuite à de terrifiantes pratiques d'ascèse afin de déjouer la loi karmique. En effet, certains pensaient que le simple fait de ne plus poser d'actes égocentriques permettrait à l'ascète de se libérer du *samsara*, car une fois épuisé le *karma* accumulé dans le passé, il n'y aurait plus, en l'absence de nouveau *karma*, de raison pour renaître dans une autre vie. Nous avons du mal à imaginer ce que les ascètes à l'époque étaient prêts à endurer afin d'arriver à leur but. Je ne vous donnerai qu'un exemple : « le régime des cinq chaleurs ». L'ascète, déjà assis sous un soleil brûlant, fait allumer quatre feux autour de lui. En même temps, il fixe ses yeux sur le soleil, et cela pendant toute la journée. Tout au long de cette épreuve, qui pouvait durer très longtemps, il ne mangeait qu'un seul grain de riz par jour. Je vous laisse imaginer les dégâts ! Après plusieurs années de ces pratiques qui faillirent le tuer, Siddhârtha comprit que l'ascétisme poussé à l'extrême n'était qu'une forme déguisée d'égocentrisme. Il comprit également que, affaibli de corps et d'esprit (il est extrêmement dangereux de dissocier l'un de l'autre), il ne pouvait plus pratiquer efficacement la discipline mentale si nécessaire à l'approfondissement de la sagesse. Il décida donc d'adopter la vie des moines mendiants car elle était plus équilibrée et favorisait la quête spirituelle.

Ces « échecs » que connut le prince illustrent évidemment pour chacun les carences des diverses méthodes destinées à libérer l'homme du *samsara*. En même temps, ils permettent à tous de reconnaître l'originalité de son expérience, celle-là même qui allait faire de lui un

Bouddha, un Éveillé. Il est aisé de reconnaître la dimension pédagogique des récits qui racontent cette histoire : ils sont clairement destinés à plonger l'homme dans une vérité spirituelle qui dépasse largement les limites qu'imposerait une analyse critique de la vie du Bouddha.

Devenu moine mendiant, le prince reprit des forces et continua son itinéraire. Sentant l'Éveil tout proche, il s'assit un jour en position de méditation sous l'arbre de bodhi (*bodhi* veut dire « Éveil » et vient de la même racine que le mot Bouddha – je sais que tu aimes l'étymologie, Véronique !). Là, vous le devinez, il trouva enfin la vérité qu'il cherchait tellement et depuis si longtemps. Mais juste avant cette expérience décisive, il dut faire face à toute une série d'épreuves préparées par Mâra, le dieu de la Mort, qui veille à ce que personne n'échappe au *samsara*. Mâra, c'est l'espèce de monstre qui vous faisait peur quand vous étiez petites, celui qui tient la roue de la vie dans ses griffes (vous vous souvenez, sur le dessin qui montre les divers types d'existences). Pour distraire le Bouddha donc, Mâra envoya des femmes merveilleusement séduisantes qui l'invitèrent à « goûter les joies du désir avec un visage riant » avant que la maladie et la vieillesse ne l'atteignent. Le Bouddha résista. Mâra envoya ensuite une armée de démons pour lui faire peur, mais sans résultat. Le Bouddha résista et, selon un des récits, Mâra, cette fois « couvert de sueur, privé de sa splendeur, le visage décoloré, se vit lui-même atteint par la vieillesse ; il se frappe la poitrine en criant ; talonné par la crainte, il est sans protecteur » (2). Quelqu'un lui avait échappé et allait avoir la possibilité de montrer aux autres le chemin de la libération.

Le Bouddha est donc sorti vainqueur du dernier combat. Mais allait-il ou non décider de partager son expérience avec les autres êtres vivants et leur montrer la voie qui mène à la libération ? La réponse n'est pas aussi évidente que vous l'imaginez. Selon les textes, le nouveau Bouddha a en effet beaucoup hésité avant de dévoiler la vérité, c'est-à-dire la Loi *(Dharma)* qu'il avait découverte. Il ne savait que trop bien que les hommes, aveuglés par leur ignorance et par leurs passions, auraient beaucoup de mal à la comprendre. Alors, le grand Brahmâ (vous vous rappelez « la voix brahmique ») alla voir le Bouddha pour l'implorer de ne pas garder sa découverte pour lui seul ; le Bouddha pensa aux êtres qui étaient comme des lotus proches de la surface d'un étang, n'ayant besoin que d'un peu d'aide pour arriver à l'Éveil, pour sortir de l'eau boueuse et rayonner de la beauté extraordinaire de la vérité. Vous comprenez pourquoi cette fleur est devenue un des symboles importants de la tradition bouddhique et pourquoi, dans l'iconographie, le Bouddha est souvent assis sur un lotus.

Le nouvel « Éveillé » prit donc la décision de se lancer dans une vie de prédication qui dura environ quarante-cinq ans. Aurait-il pu répondre par la négative à Brahmâ ? Je n'en sais rien. Les textes bouddhiques parlent parfois des « Bouddhas-pour-soi » *(pratyekabuddha)*. Il s'agit d'êtres éveillés qui, ayant trouvé par eux-mêmes la vérité libératrice, décident de ne pas la partager avec les autres chercheurs de vérité. Ce type d'« Éveillé » ne laisse, de toute évidence, aucune trace. Mais, de toute façon, le Bouddha n'était pas un « Bouddha-pour-soi ». Si j'évoque l'existence de ce type d'« Éveillé », c'est seulement pour vous aider à mieux comprendre pourquoi les récits soulignent l'importance pour tous les êtres vivants de la visite de Brahmâ et du choix du Bouddha.

Après avoir pris sa décision, le Bouddha se rendit au parc des Gazelles près de Bénarès (aujourd'hui Varanasi). Là, devant les anciens compagnons avec qui il avait partagé sa vie ascétique, il prononça sa première prédication. Il expliqua à ses amis qu'il avait découvert la vérité libératrice, la Voie du Milieu, celle qui se situe entre la vie aisée dont il avait fait l'expérience comme prince et la vie très dure des ascètes que ses auditeurs connaissaient parfaitement bien. C'est à Bénarès aussi qu'il parla des Quatre Nobles Vérités. Et cet enseignement est la sève qui donne la vie à tous les « arbres bouddhiques » que nous avons évoqués dans le premier chapitre. Pour découvrir ces vérités, il m'a fallu des années d'études au Japon. Mais pour vous, il suffira de tourner la page.

Notes

(1) Voir, par exemple, *Choix de Jâtaka : extraits des Vies antérieures du Bouddha*, traduit du pâli par Ginette Terral, Gallimard, coll. « Connaissance de l'Orient », Paris, 1958.

(2) *Le Lalitavistara : l'histoire traditionnelle de la vie du Bouddha Çakyamuni*, traduit du sanscrit par P. E. de Foucaux, Les Deux Océans, Paris, 1988 (réimpression de l'édition Leroux, 1884), p. 285.

4

Tout est « souffrance » ! ?

Souvent, quand un Occidental découvre les Quatre Nobles Vérités, il est très étonné, il peut même être complètement dérouté (c'était probablement la même chose autrefois, et peut-être encore aujourd'hui, pour la plupart des Indiens, des Chinois, des Vietnamiens, des Japonais, des Tibétains, etc.). La première des Quatre Vérités, en effet, affirme que tout, absolument tout, est souffrance dans cette vie. Vous allez sans doute me dire que si l'expérience de chacun est un critère de vérité, cela semble assez douteux. Vous-mêmes, en effet, avez souvent fait l'expérience de moments heureux. Alors, comment pourriez-vous croire que tout est souffrance ? Vous serez même probablement tentées de penser, comme ceux qui veulent toujours « classer » les traditions selon les clichés les plus éculés, que le Bouddha, et donc le bouddhisme, sont très pessimistes. Mais faites l'effort d'entrer dans la vision proposée à travers une tout autre « grille de lecture » de l'expérience humaine. Vous découvrirez peut-être que les paroles du Bouddha sur la souffrance, même si dans un premier temps leur sens vous échappe un peu, sont moins éloignées de votre expérience que vous ne l'imaginez.

Pour cela, il faut d'abord replacer cette première vérité dans son cadre originel. Lorsque le Bouddha expose les Quatre Nobles Vérités, il emploie les termes qu'un bon médecin de son époque aurait utilisés pour parler à un malade de sa maladie bien sûr, mais aussi de son éventuelle guérison. Si la première vérité pose l'universalité de la souffrance, c'est que le Bouddha a tout simplement constaté que cette « maladie » était commune à tous les hommes.

Dans la deuxième vérité, le Bouddha montre l'origine de cette souffrance, c'est-à-dire l'ignorance spirituelle de l'homme, avec toutes les passions qui en découlent et qui poussent l'individu à poser des actes « égocentriques » ou « égotiques ». Ces actes, selon la loi karmique, emprisonnent l'homme dans le *samsara*, le cycle incessant des naissances et des morts. Si le Bouddha avait arrêté là son analyse, alors nous pourrions peut-être donner raison à ceux qui le considèrent comme pessimiste. En effet, indiquer clairement la maladie et son origine ne signifie pas automatiquement qu'une perspective de guérison puisse être ouverte. Mais le Bouddha n'abandonne pas l'homme à sa triste condition.

Dans la troisième vérité, en effet, il lui dépeint la guérison possible, c'est-à-dire la dissipation de l'ignorance et l'extinction des passions perturbatrices qui gâchent sa vie et bien souvent celles de tous ceux qui l'entourent.

Finalement, dans la quatrième vérité, il prescrit à l'homme le régime qui s'impose pour que le malade qu'il est puisse effectivement arriver à guérir. En considérant ces quatre vérités dans leur ensemble, on comprend mieux pourquoi les bouddhistes, eux, affirment que le Bouddha est fondamentalement réaliste, voire optimiste, dans son approche, puisqu'il montre comment vaincre l'ignorance qui est à la source de toute souffrance pour arriver ainsi au véritable bonheur.

Il est assez facile de voir comment ces quatre vérités sont liées les unes aux autres, mais il reste, et le Bouddha le savait bien (tout comme nous aujourd'hui d'ailleurs !), que la plupart des hommes ne sont conscients ni d'être « malades », ni de l'universalité de la souffrance, et qu'ils ne voient donc pas la nécessité d'aller voir un « médecin ». Ils sont un peu comme des individus rongés de l'intérieur par un cancer dont ils ne voudraient pas entendre parler et qui les mènerait inévitablement à la mort sans que personne ne puisse même soulager leur douleur. Pour lutter contre ce refus, contre cet aveuglement, les maîtres bouddhistes, à commencer par le Bouddha lui-même, ont toujours fait le maximum pour que chacun saisisse que la première vérité, dans tout ce qu'elle a de radical, le concerne vraiment. Ils savent que le premier pas vers la véritable guérison, et donc vers la libération définitive, ne peut se faire qu'à partir de là. Il nous faudra donc saisir comment et pourquoi le Bouddha insiste sur le fait que tout est souffrance et que les moments de « bonheur » qui parsèment notre vie ne changent rien à cette réalité. Ensuite, nous essaierons de bien comprendre les autres vérités, toujours pour mieux entrer dans la cohérence interne de la voie bouddhique. J'éviterai toujours les termes techniques (vous les trouverez facilement ailleurs) pour vous permettre de mieux saisir à quel point l'analyse bouddhique de la condition humaine peut rejoindre votre expérience.

Mais je vais tout de suite me dédire (vous savez bien que c'est une des prérogatives dont les parents usent parfois !) et vous donner un mot *pâli* (langue dans laquelle les textes bouddhiques les plus anciens ont été rédigés) pour vous aider à découvrir le sens d'un terme très technique ! C'est que le Bouddha n'a évidemment jamais dit que tout était souffrance, pour la simple raison qu'il ne s'exprimait pas en français. Il a dit que tout était *dukkha*, terme beaucoup plus nuancé que le mot « souffrance » même si ce dernier est très souvent employé pour le traduire (je me plierai aussi à cette habitude une fois que vous aurez goûté et assimilé le sens de *dukkha*).

Le plus souvent, quand nous parlons de souffrance, il s'agit de souffrance physique. Cette souffrance-là vous est familière, car vous vous êtes blessées cent fois au long de votre apprentissage de la vie. Vous avez aussi eu toutes les maladies de l'enfance qui, pour bénignes qu'elles soient, ne vont pas sans une souffrance physique réelle (c'est ainsi du moins que vos parents ont vu les choses pendant les nuits blanches qu'ils ont passées près de vous). Mais vous savez aussi bien que moi, et le Bouddha le savait également, que tout le monde ne souffre pas physiquement tout le temps. Et même s'il est clair que la souffrance physique est une part réelle du *dukkha* et peut briser les êtres, il faut chercher plus loin pour comprendre ce qu'il voulait vraiment dire quand il utilisait ce mot.

Il y a en effet un autre type de souffrance, d'ordre « psychique » celle-là. Et vous savez bien que ces blessures sont plus communes et parfois plus difficiles à supporter que la souffrance physique, pour la personne qui les vit comme pour son entourage. Mais, encore une fois, il est clair que cette forme de souffrance ne frappe pas tout le monde, tout le temps. Ce n'est donc pas non plus en réfléchissant exclusivement à la souffrance psychique que nous pourrons découvrir le sens de la vérité déconcertante du *dukkha*.

Or, il y a un troisième sens à ce terme, et c'est la clé pour comprendre la première des Quatre Nobles Vérités. Mais je ne vais pas vous dire tout de suite ce dont il s'agit ! Je préfère vous le laisser découvrir vous-mêmes à travers une réflexion sur votre propre expérience. J'ai dit plus haut que vous aviez connu toutes les deux des moments heureux, ce qui pouvait sembler mettre en question les propos du Bouddha concernant l'universalité de la souffrance. Si le Bouddha était là, il vous inviterait sans doute à vous remémorer l'un ou l'autre de ces moments où vous avez vraiment fait l'expérience du bonheur. Cherchez dans vos souvenirs et essayez !

Maintenant, je vais vous poser deux questions toutes simples qui vont vous aider à mieux voir ce que le Bouddha veut dire quand il dit que tout est souffrance. D'abord, au moment même où vous viviez cet instant de bonheur, que désiriez-vous le plus ? Si vous êtes aussi spontanées que mes étudiants et que les milliers d'auditeurs à qui j'ai pu parler du bouddhisme au long de ces dernières années, vous allez me dire : « Que cela dure ! » Cette réponse est toujours au rendez-vous. D'ailleurs, je ne sais pas comment je continuerais ma conférence si les gens me disaient autre chose. Je ne veux même pas y penser ! Mais ce désir semble tellement profondément enraciné en nous tous que je ne risque guère de me trouver dans cet embarras.

La deuxième question que je vais vous poser est beaucoup plus gênante. Pour certains, elle est dévastatrice. Pour d'autres, au contraire, elle peut être libératrice dans le sens où elle marque le début de toute une démarche intérieure capable de transformer leur vie. Elle est toute simple : « Est-ce que ce moment de bonheur peut durer ? » Or, les mêmes personnes qui n'ont jamais manqué de répondre « Que cela dure ! » à la première question sont les premières à répondre « non » à la deuxième. C'est que les moments les plus heureux de notre vie sont comme l'eau que nous voudrions retenir dans nos mains mais qui nous glisse entre les doigts. Même un enfant de cinq ans fait cette expérience. Il vous suffira de penser à votre petite « déprime post-Noël » de chaque année. Vous preniez alors tout simplement conscience du fait que ce moment, que vous aviez tant attendu, ne pouvait jamais durer. Et votre tristesse était à la mesure de votre attachement à ce moment qui ne pouvait que passer !

Quand le Bouddha dit que tout est souffrance, il veut donc souligner une vérité sur l'homme que personne ne peut nier : l'être humain est le seul vivant qui ait la terrible capacité de vouloir de tout son être la seule chose qu'il n'aura jamais, c'est-à-dire un bonheur personnel qui soit durable, alors qu'il le fonde sur les sables mouvants d'un monde foncièrement éphémère. Cela équivaut évidemment à se condamner soi-même à la frustration perpétuelle. Or chacun est convaincu que ce bonheur est possible puisqu'il ne doute pas une seconde qu'existe en lui un « soi permanent » qui résistera, en quelque sorte, aux changements qui sont pourtant le lot de tous les autres phénomènes de ce monde. Chacun attend que ce « soi permanent » s'épanouisse de manière « permanente » (rien de plus « normal »). Alors on commence à poser des actes qui vont dans ce sens. Mais ces actes sont évidemment égocentriques (ou « égotiques »), et c'est là que nous retrouvons le mécanisme qui bloque l'être dans le monde illusoire du *samsara*. En effet, tous ces actes généreront du *karma* qui mûrira et portera du fruit dans une vie ou dans des vies ultérieures. Si vous réfléchissez un petit peu à cette frustration et au comportement qui l'accompagne automatiquement et la nourrit sans cesse, vous hésiterez davantage à dire que le Bouddha exagère quand il proclame que tout est souffrance.

Ce que je viens de vous expliquer fait le pont entre la première et la deuxième des Quatre Nobles Vérités. Souvent les livres d'introduction au bouddhisme expliquent que dans la deuxième vérité le Bouddha affirme que le désir est à l'origine de la souffrance. En un sens c'est vrai, mais il faut garder deux choses à l'esprit si vous voulez éviter les malentendus. Tout d'abord, pas plus que celui de « souffrance », le mot « désir » ne faisait partie du vocabulaire du Bouddha. Il vaudrait peut-être mieux employer le mot « soif » pour traduire le terme que l'on trouve dans les textes *(tanhâ)* et résister à la tentation de le banaliser en se disant qu'on sait ce que c'est que d'avoir « soif ». En effet, ni vous, ni moi (même en traversant la vallée de la Mort aux États-Unis !) n'avons jamais vraiment connu la soif, et pourtant nous avons eu envie de boire. Or, c'est loin d'être la même chose. On n'a vraiment soif que lorsque toutes les cellules du corps commencent à mourir par manque d'eau. Une personne dans cette situation ne peut plus penser qu'à boire, et tout son comportement en est radicalement modifié. Dire que le « désir » est à l'origine de la souffrance n'exprime donc pas bien à quel point l'homme est prisonnier de cette « soif ». Mais une deuxième chose est encore plus importante. C'est que le « désir » (la « soif »), qui est source de la souffrance, vient d'une manière de penser enracinée dans l'ignorance, d'une vision erronée du monde et de l'homme. Et cette erreur, cette ignorance spirituelle, nous l'avons déjà vu, c'est essentiellement la conviction – celle de chacun, sauf des êtres « éveillés » – que l'on peut échapper au caractère éphémère de toutes choses ; d'où la « soif » de s'affirmer, l'attachement aux choses, aux idées, aux personnes et surtout à soi-même. Le problème de fond, c'est que tout ce à quoi l'homme s'attache est une illusion qui ne peut en aucun cas servir de base à un comportement vraiment libérateur (nous y reviendrons pour voir comment, concrètement, chaque être construit cette illusion tous les jours et à quel point il peut en être prisonnier).

Tout cela est admirablement résumé dans le premier verset du *Dhammapada*, un recueil d'aphorismes de l'ancien canon bouddhique (1), où nous lisons ceci : « En toutes choses l'élément primordial est le mental ; le mental est prédominant. Tout provient du mental. Si un homme parle ou agit avec un mauvais mental, la souffrance le suit d'aussi près que la roue suit le sabot du bœuf tirant le char » (2). En un certain sens, on pourrait presque dire que tout est dans le regard que l'on porte sur la réalité. Quand l'homme se trompe sur ce qu'il est et s'épuise dans la poursuite d'un « bonheur » qui n'est que du vent, il ne peut tout simplement pas échapper au malheur et à la souffrance. Alors, que faire ? La réponse à cette question se trouve dans le deuxième verset du *Dhammapada* où il est dit ceci : « En toutes choses l'élément primordial est le mental ; le mental est prédominant. Tout se fait par le mental. Si un homme parle ou agit avec un mental purifié, le bonheur l'accompagne d'aussi près que son ombre inséparable. » Voilà ! C'est simple. L'homme doit corriger sa manière de penser, dissiper son ignorance (ou plutôt faire naître en lui la sagesse). Il doit purifier son mental.

Ces deux versets du *Dhammapada* feront le pont entre la deuxième Noble Vérité sur la cause de la souffrance et la troisième, qui parle de la cessation de cette souffrance. En effet, la troisième vérité proposée par le Bouddha est l'assurance donnée à l'homme que, malgré sa maladie, il peut espérer arriver à la guérison et ne plus souffrir. Une petite analyse du mot pâli *nibbana* (plus connu sous sa forme sanscrite : *nirvana*) nous aidera sans doute à mieux comprendre en quoi consiste cet état de guérison (et me voilà encore en train d'utiliser des termes techniques !).

Quand je parle du bouddhisme aux jeunes, je leur demande toujours s'ils ont entendu le mot *nirvana* et quel sens il a pour eux. Le moins que l'on puisse dire, c'est que leurs réponses sont très variées ! Plusieurs, avec un grain d'humour (je l'espère), m'ont dit qu'ils avaient vu un hôtel portant le nom de Nirvana. D'autres, bien évidemment, parlent du groupe de rock Nirvana. Certains parlent de béatitude, sans trop préciser ce que cela peut signifier, ou d'épanouissement de l'individu. Enfin, beaucoup, surtout ceux qui ont lu un peu de philosophie, tendent à identifier le *nirvana* au néant. Si l'on cherchait bien, on trouverait sans doute un élément de vérité dans chacune de ces réponses, mais il vaut mieux revenir au sens originel du mot et le situer dans le contexte des deux premières Nobles Vérités.

Pour commencer, il faut reconnaître qu'il est très difficile de définir le terme *nirvana*, car ce mot (et son équivalent pâli *nibbana*) veut dire littéralement « extinction ». Nous ne pouvons donc affirmer quoi que soit du *nirvana* en utilisant des termes positifs. Notre problème, c'est plutôt de découvrir ce qui s'éteint. Il ne peut pas s'agir de l'extinction de l'individu ou du « soi » car, nous l'avons vu et nous y reviendrons souvent, le soi auquel nous sommes si attachés n'est qu'une illusion. Il n'est donc pas nécessaire de s'épuiser en toutes sortes de pratiques destinées à éliminer le « soi ». Le Bouddha l'avait bien compris après les années qu'il avait passées à vivre dans l'ascétisme. Non, ce que l'homme doit éteindre, ce sont les passions qui découlent de son ignorance fondamentale. Mais là, il ne s'agit pas simplement de jeter un seau d'eau sur le feu des passions. Vous avez vu, lors de notre visite au parc national de Yellowstone aux États-Unis, qu'il ne suffisait pas de mettre de l'eau sur un feu pour l'éteindre. Le feu peut toujours reprendre. Il y a toujours des braises qui couvent sous les cendres des grands feux « éteints ». C'est ainsi que 37 % de la superficie du parc ont été complètement détruits. Non, l'extinction dont il s'agit dans le bouddhisme doit être radicale. Le modèle, c'est le feu qui s'éteint… tout simplement parce qu'il n'y a plus de combustible. Alors, et alors seulement, l'extinction est définitive ! Il n'y a plus de reprise possible. Si vous avez bien suivi ce que je vous ai dit plus haut, vous comprendrez que cette extinction-là est le résultat de l'acquisition d'une sagesse, de cette sagesse bouddhique qui dissipe totalement l'ignorance concernant le « soi ». En effet, une fois que l'homme a saisi cette vérité et s'est libéré de tout attachement à ses pensées, aux choses, à lui-même..., l'idée même de poser des actes centrés sur ce « soi » éphémère ne lui vient plus à l'esprit. Il ne pose donc plus d'actes karmiques capables de le replonger dans d'autres existences. Bref, il n'y a plus de raisons pour qu'il renaisse dans le monde du *samsara* (j'espère que vous n'avez pas oublié le sens de ce mot-là !). Le *nirvana*, cette « extinction » qui commence par la pleine conscience de la vérité concernant son propre soi, « s'accomplit » donc avec le dernier souffle de la dernière existence dans le cycle des naissances et des morts. Voilà la libération totale de tout ce qui pèse sur l'individu du fait de son ignorance. Voilà la cessation définitive de la souffrance, selon les termes utilisés par le Bouddha lui-même pour résumer la troisième Noble Vérité et pour décrire la guérison que l'homme, toujours spirituellement malade, peut cependant espérer.

« Mais comment y arriver ? » demanderez-vous. Bonne question ! Le Bouddha y répond dans la quatrième Noble Vérité, en présentant le « Noble Chemin octuple » (à huit branches). Pourquoi « octuple » ? Je passerai sur les explications savantes basées sur l'étymologie de ce mot. Le plus simple, c'est de citer ce qu'en dit le Bouddha dans la prédication de Bénarès : « Voici, ô moines, la Noble Vérité sur le chemin qui conduit à la cessation de la souffrance. C'est le Noble Chemin octuple, à savoir : la compréhension juste, la pensée juste, la parole juste, l'action juste, le moyen d'existence juste, l'effort juste, l'attention juste et la concentration juste. » Si vous les comptez, vous verrez que ce chemin comprend bien huit facteurs dont chacun est lié à tous les autres. Il ne faut donc pas imaginer un chemin de huit étapes successives au long desquelles le pratiquant avancerait petit à petit vers le *nirvana*. Non, l'homme qui veut avancer vers la libération doit obligatoirement s'efforcer de vivre tous les aspects de cette voie et les intégrer tous à sa vie quotidienne. En effet, s'améliorer par rapport à l'un d'entre eux, c'est progresser dans tous les autres. Laisser tomber un seul d'entre eux, c'est obligatoirement reculer sur le chemin, avec le risque de s'en écarter totalement. Mais tout cela deviendra évident au fur et à mesure que vous découvrirez ce chemin.

Tout d'abord, il y a la compréhension juste. Cela veut dire que l'individu qui désire mettre fin à sa souffrance (dans le sens du *dukkha*) doit toujours essayer d'observer le monde et les êtres qui l'habitent tels qu'ils sont, à savoir composés de forces psycho-physiques constamment en train de changer, et donc caractérisés par l'impermanence que nous avons déjà mentionnée plus haut. Il faut qu'il abandonne toute illusion, et surtout la première de toutes, qui pose l'existence d'un soi permanent capable d'échapper à ces changements. En résumé, il faut prendre conscience du fait que les choses ne sont pas ce qu'elles ont l'air d'être. L'homme doit donc constamment corriger, ou rendre « juste », sa manière de les comprendre, d'où le terme de « compréhension juste ».

Mais comprendre n'est pas suffisant. Il faut aussi ajuster sa pensée afin qu'elle corresponde à cette nouvelle manière de regarder les choses. Le pratiquant doit travailler de toutes ses forces à intégrer la compréhension de ces vérités à sa vie de tous les jours. Sinon, il risque de fausser ou de perdre ce qu'il aurait pu comprendre. D'où la nécessité de la pensée juste ou de l'intention juste (ce terme « juste » implique toujours la conformité à la réalité telle qu'elle est). Pour saisir la fonction de la pensée juste, il est bon de réfléchir à ce que vous faites en ce moment même. Vous êtes en train de lire un livre sur une tradition qui est très différente de la vôtre, mais il y a cependant pas mal de choses que vous pouvez comprendre, du moins jusqu'à un certain point. Quand le Bouddha parle par exemple de la souffrance de celui qui refuse d'accepter et reconnaître qu'il est aussi éphémère que tous les autres phénomènes, ce qu'il dit n'est pas incompréhensible, même si cela heurte l'une ou l'autre de vos idées. Avec un petit effort, vous pouvez sans doute même arriver à vous abstraire de votre manière habituelle de regarder les choses et partager, si peu que ce soit, certains aspects de la vision bouddhiste du monde. Mais cette expérience ne peut être que passagère si vous ne changez pas aussi toute votre manière de penser. C'est un peu comme l'expérience de l'élève qui apprend pour la première fois dans sa classe de sciences physiques que la chaise sur laquelle il est assis n'est en fait qu'une agglomération ou une combinaison d'atomes (ne m'en veuillez pas si cet exemple ne prend pas en compte les découvertes les plus récentes dans ce domaine – on ne parlait pas de physique quantique à mon époque !). Notre élève peut d'une certaine façon comprendre ce que cela veut dire, mais dans sa pensée cette combinaison d'atomes continue à être une chaise, si bien que ce qu'il a compris n'exerce aucune influence sur son comportement. Si, en revanche, il commence à penser véritablement à toutes les choses comme à des combinaisons d'atomes, il y aura un renforcement de sa compréhension de cette « vérité » et peut-être une modification importante de sa manière de vivre.

La compréhension juste et la pensée juste, qui ensemble constituent la sagesse, sont étroitement liées à la parole juste, à l'action juste et au moyen d'existence juste. Ces derniers concernent ce qu'on peut considérer comme l'éthique bouddhique. Cette éthique, que nous étudierons de plus près (avec la sagesse et la discipline mentale) dans les chapitres suivants, veut établir une continuité entre une certaine vision de la réalité, entre l'homme intérieur, si vous voulez, et sa vie de tous les jours. C'est très important, car dans le bouddhisme comprendre la vérité sans la vivre n'a absolument aucun sens. Une amie, au Japon, en fit la rude expérience un jour, lors d'un entretien avec un maître bouddhiste très connu. Il y avait une connivence réelle entre elle, qui avait beaucoup étudié le bouddhisme et avait même pu intégrer quelques méthodes de méditation à sa vie spirituelle, et le maître en question. Malheureusement, lors de l'entretien, un moustique se mit à la piquer. Vous vous rappelez les moustiques au Japon, pendant la saison des pluies : ils ressemblent plus à des avions de chasse qu'à des insectes ! En tout cas, mon amie, sans réfléchir, tua le moustique ! Elle me confia ensuite que, à partir de ce moment-là, la communication avec le maître avait été rompue. À son avis, elle avait gagné la confiance du maître parce qu'elle était chrétienne, qu'elle parlait de l'Évangile et manifestait un très grand respect pour le bouddhisme et ses préceptes. Mais le premier de ces préceptes dit qu'il ne faut pas nuire à des êtres vivants. Et voilà qu'elle en avait tué un, instinctivement ! Le dialogue n'est pas toujours facile !

Enfin, il y a l'effort juste, l'attention juste et la concentration juste qui, eux, constituent la discipline mentale. Ce sont les moyens par lesquels le pratiquant approfondit continuellement sa connaissance de la vérité. Il s'agit principalement de suivre une discipline de l'esprit qui permette à l'homme d'intégrer pleinement la sagesse bouddhiste à sa vie.

Vous voyez peut-être un peu mieux maintenant pourquoi on ne peut laisser aucun des aspects du Noble Chemin octuple de côté tout en espérant avancer sur la voie de libération que propose le Bouddha. L'acquisition de la sagesse dépend en effet d'une pratique assidue de la discipline mentale. Mais cette discipline est inaccessible à celui qui ne pratique pas la discipline morale car cette dernière, elle-même reflet de la sagesse, est destinée à faciliter la méditation. Enfin, sans approfondissement constant de la sagesse, on ne voit plus le bien-fondé de la discipline morale. Il y a là comme une spirale qui peut, si elle va dans le mauvais sens (moins l'homme médite, moins il comprend, moins il vit selon les préceptes, moins il médite, etc.), conduire l'être vivant aux pires enfers imaginables. En revanche, si la spirale va dans le bon sens (plus l'homme est fidèle à la méditation, plus il comprend, plus il vit selon l'éthique bouddhique, mieux il médite, etc.), elle le conduira immanquablement à l'Éveil, au *nirvana*. Pour en revenir encore une fois au texte du *Dhammapada*, il finira avec un mental totalement purifié, et « le bonheur [le vrai !] l'accompagnera d'aussi près que son ombre inséparable ».

Voilà donc une petite esquisse des Quatre Nobles Vérités concernant la souffrance, la cause de cette souffrance, la cessation de la souffrance et le chemin qui conduit à la libération. L'enseignement du Bouddha sur ces quatre points – et c'est une partie importante du patrimoine spirituel de l'humanité – est tellement important que je vais essayer dans le prochain chapitre de vous expliquer de manière à la fois plus détaillée et plus proche de votre expérience ce qu'est la sagesse bouddhique. Dans le suivant, je vous donnerai quelques précisions supplémentaires sur l'éthique bouddhique et la discipline mentale car, nous l'avons vu, sans celles-ci, la sagesse reste totalement inaccessible – d'où l'importance de la pratique régulière dans le bouddhisme.

Notes

(1) Ensemble des textes reconnus par telle ou telle école bouddhique.

(2) *Dhammapada*, Les Deux Océans, Paris, 1989 (réimpression de l'édition de la Librairie orientaliste Paul-Geuthner, 1931), p. 9.

5

Mais que devient le « moi » dans tout cela ?

Vous connaissez le vieux dicton qui affirme qu'un bon dessin vaut mieux que dix mille mots. Vous en avez même vérifié la vérité chaque fois que nous nous sommes amusés à tracer ensemble les idéogrammes chinois élémentaires. Chacun d'eux, en effet, est un dessin et ce dessin évoque souvent des histoires très intéressantes. Je vais donc commencer ce chapitre en vous demandant de tracer (ou d'imaginer) un petit dessin. Il s'agit simplement d'un polygone dont le nombre de côtés n'a pas vraiment d'importance. Cela va, j'espère, vous rendre la sagesse bouddhique plus facile d'accès. Ce dessin représentera une sorte de « périmètre » correspondant aux contours, pour ainsi dire, de l'individu qui la trace, vous en l'occurrence, mais aussi de chaque lecteur qui voudra bien entrer dans le jeu. Ce périmètre peut avoir l'air anodin quand vous le regardez sans trop y réfléchir. En fait, vous allez le voir, c'est une véritable prison et la source des malheurs qui frappent chaque être humain.

Je m'explique. J'ai un ami américain qui parle très bien le français, et il en est très fier. Mais, de temps en temps, il fait une erreur qui trahit ses origines. Quand ses amis le lui font remarquer, même indirectement, par un sourire par exemple, il en souffre. Aussi étrange que cela puisse sembler, dans ces moments-là il se sent atteint dans sa personne même. Pour lui, un des éléments de ce périmètre, un des côtés de ce polygone qu'il a « tracé » lui-même pour définir sa personne, c'est sa capacité à parler parfaitement le français.

Personnellement, je suis très peu attaché à ma capacité de maîtriser le français. Normalement, quand je fais des erreurs, je ris avec tout le monde et je n'en souffre pas trop (je ne parle pas pour ceux qui doivent m'écouter – à la longue, cela doit faire souffrir des oreilles françaises). Mais c'est une tout autre affaire quand quelqu'un remet en question la qualité de mes diplômes. J'en suis très fier. Si vous les critiquez, je risque de le prendre comme une atteinte à MA personne. Mais c'est parce que le périmètre que je trace, moi, est différent de celui de mon ami. Pour d'autres personnes, leur compte bancaire fera partie de leur périmètre, d'où sans doute des expressions bizarres comme « je vaux tant de millions », etc. Dans ce cas, quand la bourse baisse, c'est comme si une partie de cette personne disparaissait. Pour d'autres personnes encore, c'est la voiture qui est importante, trop importante. Vous l'égratignez et c'est la personne elle-même qui souffre. Pour les adolescents, ce sont souvent les vêtements, le look... Après quelques minutes de réflexion, vous saurez très bien mettre un nom sur les divers éléments qui constituent votre « périmètre ». Vous verrez votre polygone prendre forme. Et vous savez aussi bien que moi (car nous en avons tous fait l'expérience) que lorsque les gens touchent à l'un ou l'autre de ces éléments, cela fait mal. Le pire, c'est que plus les facettes du « périmètre » tracé par un individu sont nombreuses, plus il risque de souffrir, tout simplement parce que la surface offerte est plus grande. C'est étonnant, quand on y pense ! Nous construisons tous notre propre malheur en nous enfermant à l'intérieur de ces périmètres qui sont pourtant tout à fait illusoires.

Si nous allons un peu plus loin dans cette analyse, il devient clair que la plupart des problèmes du monde, des conflits qui éclatent partout – dans notre vie familiale (les disputes entre vous deux, entre vous et nous, vos vieux parents aux idées trop figées), dans nos sociétés (il suffit de regarder la télévision pour saisir à quel point elles sont conflictuelles) – sont le résultat du « frottement » de ces « périmètres » que nous voulons protéger ou affirmer à tout prix.

Pour résumer les choses, disons que nous avons tous tendance à tomber très facilement dans la même énorme erreur : identifier ce que nous sommes véritablement avec l'image que nous fabriquons de nous-même. Nous attachons à cette image une importance qu'elle ne mérite absolument pas. Le bouddhisme, lui, vient proposer à tous les hommes des outils efficaces (la discipline mentale, l'éthique, etc.) pour faire imploser, en quelque sorte, leur « périmètre », pour les libérer de ce qui les emprisonne – et finalement pour les aider à faire leur la sagesse que le Bouddha a découverte il y a vingt-cinq siècles. À travers les diverses pratiques bouddhiques, l'individu devient conscient du fait qu'il n'est pas sa capacité à bien parler le français, qu'il n'est ni ses diplômes, ni son argent, ni ses vêtements, ni sa voiture, ni le titre qu'il porte, ni tant d'autres choses…

Et il ne s'agit pas simplement de rétrécir le « périmètre » afin de réduire les possibilités de souffrir. Cela équivaudrait simplement à modifier les murs de la prison. Il s'agit du changement radical de toute une manière de penser, de toute une manière d'être. En effet, celui qui suit ce processus jusqu'au bout fera l'expérience de ce que les bouddhistes appellent le « non-soi » ou encore la « vacuité du soi » (nous y reviendrons). Et cette « vacuité du soi », c'est la conscience de la relativité de tout ce qui, dans l'expérience d'un individu, peut nourrir en lui l'illusion de jouir d'une « existence propre » ou « indépendante », l'illusion que « son existence » est radicalement autre que l'ensemble des « existences » qui constituent le monde dans lequel il vit. Autrement dit, si l'on fige son « périmètre », si l'on s'y attache, on est sûr d'avoir une vie, voire une série de vies, très malheureuses.

Si vous entrez dans cette logique, vous allez comprendre que, pour les bouddhistes, « l'autre » n'est pas aussi « autre » qu'on l'imagine. Car là où ces « périmètres » qui séparent les hommes les uns des « autres » implosent complètement sur la « vacuité du soi », là où la relativité de ces périmètres devient évidente, il ne peut plus y avoir de frottement possible entre eux. Les conflits entre les individus se résolvent tout naturellement puisque la base même des comportements égocentriques disparaît. Et c'est là que l'on saisit comment la sagesse se confond totalement avec la compassion dont on parle si souvent et qui est l'une des vertus fondamentales du bouddhisme.

Le Bouddha, bien sûr, n'a jamais parlé ni de polygones, ni de « périmètre » quand il a expliqué la vérité découverte lors de son expérience d'Éveil. Pourtant, ce que vous venez de comprendre à propos de vos « périmètres » vous permettra de mieux saisir certains des aspects de son enseignement que nous allons aborder maintenant en utilisant des termes bouddhistes. Et nous allons surtout réfléchir au caractère éphémère de ce soi – illusoire – qui nous préoccupe tellement.

Si vous êtes comme mes étudiants, vous êtes peut-être en train de vous demander : « Si tout ce que dit le Bouddha à propos de l'individu est vrai, dois-je simplement disparaître ? » La réponse n'est pas si évidente que cela car elle se situe quelque part entre « oui » et « non », dans cet entre-deux où nous avons tant de mal à nous retrouver, nous, les Occidentaux. Pire encore, elle dépend du sens que vous donnez au mot « je » que nous utilisons si fréquemment, mais qui a infiniment moins d'importance dans les langues extrême-orientales. Un seul exemple. Vous vous rappelez certainement du très long repas (huit heures) où vous aviez été conviées avec nous chez des amis japonais, à Tokyo, il y a quelques années. Tout se passait en japonais, et vous avez failli mourir d'ennui. Vous n'allez peut-être pas le croire, mais pendant tout ce temps-là, ni nos amis, ni votre mère, ni moi n'avons utilisé les pronoms « je », « nous », « tu » ou « vous » (ces mots existent en japonais, mais on peut très bien s'en passer et il est même conseillé de le faire). Et pourtant nous n'avions aucune difficulté à nous comprendre. Essayez de faire la même chose dans une conversation en français ou dans n'importe quelle autre langue occidentale ! Vous verrez le résultat. Mais revenons à notre question et essayons de comprendre ce que peut être ce « je » dans un contexte bouddhiste.

Nous avons déjà vu que, pour les bouddhistes, l'une des caractéristiques de l'homme est son impermanence. Si un individu n'accepte pas cette réalité, il ne cessera pas de poser des actes égocentriques, de s'affirmer de mille manières, de s'imposer... Il n'a pas conscience que le « bonheur » qu'il pense construire ainsi est fondé sur des sables mouvants. Résultat : il tournera en rond dans le cycle des naissances et des morts pendant des *kalpas* et des *kalpas*. Le Bouddha sait bien – nous l'avons vu également – que l'homme a beaucoup de mal à accepter la fragilité de son existence. C'est pourquoi il le prend par la main et l'aide à analyser ce qu'il est réellement. Dans cette analyse, rien n'est laissé au hasard. Le Bouddha décortique tout le phénomène de l'homme pour montrer qu'il n'y a rien là qui corresponde à un « soi permanent » (c'est pourtant le sens du mot « je » que nous utilisons habituellement). Ouvrez-vous à cette analyse et faites l'effort d'entrer dans un tout autre monde, ou plutôt dans une tout autre manière de regarder le monde. Nous irons beaucoup plus loin que nous ne l'avons fait dans le chapitre précédent qui n'était qu'un aperçu rapide des Quatre Nobles Vérités. Et rappelez-vous que cette analyse est le résultat de siècles de réflexion, menée par de grands maîtres, sur le sens de l'enseignement laissé par le Bouddha. Si parfois je la mets dans la bouche du Bouddha lui-même, c'est pour vous épargner des considérations savantes qui sont sans doute de grande valeur mais qui peuvent décourager ceux qui veulent seulement se faire une idée de ce qu'est le bouddhisme.

Selon l'explication classique, l'homme, c'est-à-dire l'individu, n'est qu'une combinaison de forces ou d'énergies physiques et psychiques entremêlées et en perpétuel changement. (Cette combinaison qui existe à dix heures, par exemple, et que nous appelons Paul, ne sera pas la même à dix heures *plus* une minute.) Les forces en question sont divisées en cinq groupes ou « agrégats », pour utiliser le terme employé habituellement pour traduire un mot technique des textes anciens. Ce qui nous intéresse ici, c'est de voir quelles sont les diverses forces qui constituent l'individu et la raison pour laquelle un individu ainsi composé ne peut ni être permanent ni avoir d'existence propre (c'est-à-dire d'existence indépendante des autres existences). Vous comprendrez tout cela dans quelques minutes si vous avez le courage de continuer !

Le premier groupe comprend tout ce qui, dans l'individu, est d'ordre matériel. C'est la « corporéité ». Il s'agit des quatre grands éléments – la terre, l'eau, le feu et le vent – qui symbolisent la solidité, la liquidité, la chaleur et le mouvement. Ce groupe comprend également la matière dérivée, comme les organes sensoriels (par exemple, l'œil et le nerf optique) et les objets de ces organes (la couleur, la forme que l'œil voit). La question qui se pose est la suivante : « Est-ce qu'il y a quelque chose dans ce groupe qui ne soit pas impermanent, c'est-à-dire qui ne soit pas constamment en train de changer ? » La réponse est « non », vous le savez bien. Il n'y a pas une seule cellule de notre corps, par exemple, qui ne se modifie à chaque instant qui passe. L'hypothèse de l'impermanence tient bon jusque-là.

Le deuxième groupe est celui des sensations. Les bouddhistes font un inventaire de toutes les sensations imaginables – agréables, désagréables ou neutres – qui résultent du contact des organes physiques avec leurs objets (le froid par exemple, qui résulte du contact de la peau avec l'eau du torrent). Parmi ces sensations, pensez-vous qu'il puisse y avoir quelque chose de permanent ? Encore une fois, il n'est pas besoin de réfléchir trop longtemps pour comprendre que la réponse ne peut être que « non ». Toute sensation dépend d'un organe matériel et ne peut donc pas échapper à l'impermanence qui caractérise tout ce qui est matériel. Vous entrevoyez là comment et pourquoi tout est interdépendant dans la vision bouddhiste des choses.

Quand nous arriverons au troisième groupe, c'est-à-dire à l'agrégat des perceptions, nous ne trouverons rien non plus qui puisse contredire la position bouddhiste concernant l'impermanence. En effet, toute perception, qui est en quelque sorte le fait de « nommer » une sensation, dépend d'une manière ou d'une autre de cette sensation. Les notions de couleur, de son, d'odeur, de saveur…, et toutes les images mentales, changent selon les circonstances dans lesquelles se produit le contact entre un organe sensoriel et un objet. Vous en avez fait l'expérience mille fois. Pensez à la chaleur de cet été à Las Vegas : elle vous accablait au sortir des lieux à air conditionné. Pourtant, cette « chaleur » vous aurait semblé rafraîchissante si vous l'aviez comparée à celle dont vous avez fait l'expérience le jour où nous nous sommes promenés quelques minutes dans le désert de la vallée de la Mort, il y a une dizaine d'années. Ce n'est donc pas dans cet agrégat non plus qu'on peut trouver quelque chose de permanent.

Ensuite, il y a l'agrégat de la « volition » ou des compositions psychiques. Il comprend tout acte volontaire, toute impulsion, toute émotion consciente ou refoulée. Ici encore, tout est toujours en train de se modifier parce que tout dépend, directement ou indirectement, des organes sensoriels, des sensations et des perceptions.

Enfin, il y a l'agrégat de la conscience ou de la connaissance. Il serait peut-être plus exact de parler *des* consciences, car dans le bouddhisme pour chaque organe il existe une conscience : la conscience de l'œil, la conscience de l'oreille, etc. On place également la conscience ou la connaissance mentale dans ce groupe. Vous serez peut-être tentées de chercher là, dans la conscience, ce qui échappe à l'impermanence. Or c'est là, en réalité, que l'homme est, pour ainsi dire, le moins permanent. Car les données innombrables qui entrent dans la conscience à travers les contacts avec le monde, les diverses sensations… font qu'elle se modifie elle aussi à chaque instant.

Alors, où peut se cacher ce « soi permanent » qui serait à l'abri des changements constants qui caractérisent toutes les forces psychiques et physiques décrites dans le cadre des cinq « agrégats » ? Si vous avez une bonne réponse, proposez-la aux bouddhistes ! Mais il ne suffira pas de dire simplement que ce « soi » doit sûrement exister car sinon on ne pourrait pas expliquer que toutes ces forces tiennent ensemble et forment un individu qu'il est possible de percevoir et de nommer. Il est vrai que la plupart des visions non bouddhistes du phénomène de l'homme proposent l'idée d'une âme ou d'un principe spirituel individualisé. Cette « âme » gouvernerait en quelque sorte le tout et continuerait à exister même après la désagrégation, au moment de la mort, des aspects matériels et psychiques de l'individu. Selon les bouddhistes pourtant, cette affirmation est tout à fait gratuite et reflète davantage nos désirs illusoires que la réalité. Pour eux, toutes sortes de « cris du cœur » jaillissent ainsi de l'attachement à l'existence de ce « soi permanent » et montrent à quel point l'homme est prisonnier de cette illusion : « JE veux ceci ! » « J'ai raison ! » « VOUS avez tort ! » « C'est le MIEN »… Et ce « je » est beaucoup plus qu'un pronom qui désignerait la combinaison d'agrégats dont parlent les bouddhistes.

Maintenant revenons à notre point de départ. Nous nous posions la question suivante : « Si tout ce que dit le Bouddha est vrai, dois-je simplement disparaître ? » Je vous avais dit que la réponse se situait entre le « oui » et le « non ». En effet, si pour vous le « je » en question correspond à un « soi permanent », vous êtes dans l'illusion et la réponse est « oui » – mais tout simplement parce que ce « je » ne correspond à rien. Pour être plus précis, il faudrait dire que cette idée illusoire doit être dissipée. Mais si le « je » en question ne fait que désigner la combinaison de diverses forces qui constituent l'individu à un moment donné, la réponse est « non ». Il faut simplement la reconnaître pour ce qu'elle est, sans s'y attacher. En effet, les bouddhistes ne nient pas l'existence de cette combinaison, de cet individu, constamment en transformation et qui se situe dans un réseau de phénomènes dépendant tous les uns des autres. Le « je », comme tous les autres phénomènes, est, selon la terminologie bouddhiste, « conditionné ». Il est nécessaire ici de dire que ce terme n'a aucune relation avec le chien de Pavlov qui, lui, est « conditionné », mais à réagir d'une manière bien déterminée dans des circonstances bien définies. Vous avez sans doute déjà entendu parler de lui. Sinon, cherchez vous-même au nom de Pavlov dans n'importe quelle encyclopédie. Si j'en parle ici, c'est parce que la première fois que certains de mes étudiants entendent ce mot « conditionné » ou le lisent dans des livres sur le bouddhisme, ils pensent à ce pauvre chien. En réalité, dire que tout être est « conditionné », c'est simplement une autre façon d'affirmer que rien n'existe en soi, c'est-à-dire que rien n'existe indépendamment de l'ensemble des phénomènes qui constituent le monde dans lequel se trouve l'individu.

Si vous trouvez tout cela compliqué, c'est normal ! C'est pourtant essentiel. En effet, avec cette analyse, les bouddhistes essaient de déconstruire l'idée d'un « je » permanent, alors qu'elle est si profondément enracinée dans la pensée humaine. Je dois avouer que l'explication que je viens de vous donner est un peu abstraite. Mais rappelez-vous l'analyse du polygone – ou du périmètre – que nous avons faite plus haut. Dans les deux cas, l'individu souffre parce qu'il est dans l'illusion et qu'il se prend pour ce qu'il n'est pas. Il accorde à des réalités relatives (la capacité de bien parler le français, les titres académiques, l'argent..., ou encore les forces psychiques et physiques qui le constituent à un moment donné) une valeur absolue. Dans les deux cas, l'individu refuse d'abandonner son attachement à ce « je », qui n'est pourtant que le produit de sa propre pensée.

Nous avons la chance de posséder un texte bouddhique très ancien (du IIe siècle après Jésus-Christ), qui montre bien comment les missionnaires bouddhistes ont abordé ce problème dans le passé. Il s'agit du *Milindapañha* (« Les questions de Milinda », ou de Ménandre, un souverain gréco-indien qui aurait régné vers le IIe siècle avant notre ère) (1). Ce texte raconte la rencontre entre un missionnaire bouddhiste, Nâgasena, et le roi Ménandre, qui représente la pensée grecque et qui est donc très attaché à l'idée de l'existence de l'âme. Il faut que je vous raconte cette histoire, mais je vais la simplifier un peu pour souligner l'essentiel et pour éviter trop de termes techniques.

Lorsque ces deux personnages se rencontrèrent, Nâgasena aborda la question de l'existence ou de la non-existence du « soi permanent » qui, pour Ménandre, correspondait à l'âme. Le roi ne comprit rien au discours de Nâgasena. Pour lui, en effet, il était évident que lui, le roi, existait bel et bien, comme Nâgasena d'ailleurs et comme tout autre individu. Et même si certains aspects de l'individu changeaient, son âme était à l'abri. Nâgasena, pour aider le roi à entrer dans la pensée bouddhique, lui demanda donc comment il était venu le voir. Le roi expliqua qu'il était arrivé chez lui en chariot. Et le dialogue se poursuit :

« Si vous êtes venu dans un chariot, ô roi, expliquez-moi ce qu'est un chariot. Est-ce que la roue est le chariot ?

– Je n'ai pas dit cela !

– Est-ce que l'essieu est le chariot ?

– Certainement pas !

– Est-ce que le timon ou le joug ou les cordes ou les rayons… sont le chariot ? »

Et à toutes ces questions le roi était obligé de répondre « non ! ». Autrement dit, Nâgasena était en train de décortiquer le chariot de la même manière que les bouddhistes décortiquent le phénomène de l'homme. Il continua son interrogatoire :

« Le chariot est-il donc tous ces éléments ?

– Non ! dit le roi.

– Mais est-ce qu'il y a quelque chose d'autre que ces éléments qui soit le chariot ? »

Une fois de plus, le roi ne put répondre que « non ! ».

« Il est donc, continua Nâgasena, impossible de découvrir le chariot. "Chariot" n'est qu'un bruit vide. Qu'est-ce que le chariot dans lequel vous êtes venu ? »

Le piège était parfait et le roi y tomba tout droit ! (N'oubliez pas que le texte est écrit par les bouddhistes ! Un philosophe grec aurait sans doute pu se défendre un peu mieux !) Le roi expliqua donc à Nâgasena que, lorsque tous les éléments qu'il venait de reconnaître étaient organisés ensemble d'une manière bien précise, ce qui en résultait était nommé, d'un commun accord, « chariot ». Bien sûr, c'était la réponse qu'attendait Nâgasena – une réponse qui affirme la position bouddhique, qui nie l'existence d'un « soi indépendant » tout en affirmant l'existence de toutes les forces psycho-physiques qui composent un phénomène passager (dans ce cas, le « chariot »). C'est ainsi que Nâgasena aida le roi à comprendre qu'un homme donné existe à cause de toutes les forces dont il est composé à un moment donné, comme le « chariot », et qu'on le nomme untel (Ménandre – ou Emmanuelle ou Véronique !). Il est inutile, voire nuisible, de chercher plus loin pour trouver un « soi » qui gouvernerait ces forces. Dans le meilleur des cas, selon les bouddhistes, on perdrait son temps (n'oubliez pas l'histoire de la tortue : elle montre à quel point le temps est important) ; et, dans le pire des cas, on s'attacherait à un soi illusoire et on se condamnerait ainsi à renaître dans une situation très malheureuse, plus tard, dans une ou plusieurs vies ultérieures.

Si vous êtes comme moi, lorsque j'ai commencé mes études il y a très longtemps, vous réagirez alors en posant la question suivante : « S'il n'y a rien en l'homme qui corresponde à l'âme, s'il n'y a pas de "soi permanent" qui échappe à la précarité de l'existence humaine, qui est-ce qui – ou qu'est-ce qui – passe de vie en vie, dans le cycle interminable du *samsara* ? Comment expliquer la croyance des bouddhistes en la réincarnation ? » Je réponds à la deuxième question d'abord. Vous allez sans doute être étonnées, mais les bouddhistes eux-mêmes ne croient pas vraiment à la réincarnation ! Mais puisque c'est moi, un non-bouddhiste, qui le dis, vous n'allez peut-être pas me croire, surtout après avoir vu le film *The Little Buddha* ! Voici donc, pour vous en convaincre, le paragraphe d'un numéro hors série de la revue bouddhiste *Dharma*, préparée par les bouddhistes (de tendance tibétaine) lors de la visite du dalaï-lama en France, en avril 1997. Un des buts de ce hors-série était d'expliquer aux Occidentaux ce qu'était le bouddhisme. On y présente, entre autre, un « bêtisier » : la liste des plus grosses sottises que l'on dit très habituellement sur le bouddhisme. Une des bêtises mentionnées était la suivante : « Les bouddhistes croient à la réincarnation. » Et le texte dit : « D'abord, l'enseignement du Bouddha ne demande pas de croire en un dogme, quel qu'il soit. S'il y a bien quelques bouddhistes pour déclarer croire en la réincarnation, il faut savoir qu'à proprement parler la notion de la réincarnation est étrangère au *Dharma* » (2). Il est difficile d'être plus clair !

Il est important de citer cette source liée au bouddhisme tibétain, puisque la notion de réincarnation est associée, pour de nombreux Français, avec cette forme de bouddhisme. En général, les bouddhistes, et surtout les bouddhistes des filières non tibétaines, ne parlent pas de réincarnation, car c'est un mot tout à fait occidental. Ils lui préfèrent le terme *samsara* qui a, bien évidemment, un tout autre sens. Ils parlent parfois aussi de transmigration ou de renaissance. Mais le problème demeure. Si l'idée même d'une âme ou d'un principe spirituel individualisé qui passerait de corps en corps (c'est le sens de base du mot « ré-in-carnation ») n'a pas de sens pour les bouddhistes – puisqu'il contredit l'idée même de la « vacuité du soi » ou l'enseignement du « non-soi » –, comment expliquer la notion de *samsara* ? Ici je suis obligé d'ouvrir un dossier épineux, mais grâce à vous, une fois de plus, j'ai trouvé un moyen qui aide beaucoup à éclaircir les choses. Pourquoi grâce à vous ? Vous allez vite comprendre, car je vais décrire une petite expérience que vous pourrez faire vous-même plus tard, si vous le voulez. Véronique, tu vas être comblée, toi qui aimes jouer avec la flamme des bougies qui sont sur notre table quand nous accueillons des amis. En effet, pour cette expérience, il nous faut deux bougies, mais pas n'importe lesquelles. La première sera une bougie ordinaire. En réalité, ce n'est pas la bougie qui nous intéresse, c'est uniquement la flamme. Avez-vous jamais contemplé une flamme ? Si oui, vous avez certainement constaté qu'il n'y avait absolument rien là qui dure plus d'un instant. Vous pouvez le vérifier en allumant une bougie. La couleur, la température et la forme de la flamme (appelons-la « flamme A ») se modifient d'instant en instant, de millième de seconde en millième de seconde. Il n'y a rien de permanent en elle. Mais c'est toujours la même flamme dites-vous, donc il doit bien y avoir quelque chose de permanent là-dedans. Et nous arrivons au cœur du problème. Nous pouvons certes parler d'une vraie continuité, mais la continuité n'est pas la même chose que la permanence. Regardons cette flamme d'une autre manière. Nous pouvons dire qu'il s'agit d'une série d'instants dont chacun dépend de l'instant précédent et exercera une influence sur l'instant suivant. Concrètement, cela veut dire que la couleur, la chaleur et la forme de cette flamme à neuf heures, par exemple, sont ce qu'elles sont à cause de la couleur, de la chaleur et de la forme de la flamme telle qu'elle était à neuf heures moins un instant. Et l'état (couleur, chaleur, etc.) de la flamme à neuf heures va déterminer son état à neuf heures plus un instant. Dans cette perspective, notre flamme est la succession d'instants dont l'« identité » vient simplement de cette continuité. Mais, par habitude, nous parlons d'*une* flamme, comme s'il s'agissait d'une entité en soi, c'est-à-dire de quelque chose qui aurait sa propre existence. Maintenant, réfléchissons à la flamme d'une autre bougie, tout en laissant brûler notre flamme A.

Cette seconde bougie, vous la connaissez bien. C'est une « bougie magique » ! Vous vous souvenez certainement de ces bougies qui se rallument quelques instants seulement après qu'elles ont été « éteintes ». C'est d'ailleurs en vous regardant souffler avec tant d'énergie pour faire l'impossible que j'ai eu une mini « illumination » concernant la doctrine du « non-soi » et la succession de vies dans le *samsara* qui semble la remettre en cause. Nous allons appeler la flamme de cette bougie « flamme B ». Elle a toutes les qualités de la flamme A : sa couleur, sa chaleur et sa forme se modifient d'instant en instant, selon la dynamique que je viens d'expliquer. Quand vous soufflez sur cette flamme, elle s'éteint, ou du moins elle a l'air de s'éteindre. Et puis elle se rallume. C'est la flamme B1. Quand vous soufflez une deuxième fois, le même phénomène se reproduit et voici la flamme B2. Et une troisième fois : c'est la flamme B3 et ainsi de suite. Maintenant, je vais vous poser une question piège. Votre réponse va montrer si vous avez laissé entrer en vous cette autre manière de penser, pour ainsi dire. Pensez aux flammes B, B1, B2 et B3. S'agit-il, oui ou non, de flammes différentes et distinctes les unes des autres ? Réfléchissez bien avant de répondre. Vous savez, il n'y a que deux réponses possibles et pourtant, dans mes cours, j'ai toujours droit à trois réponses : un tiers des personnes disent « oui », un autre tiers disent « non » et le dernier tiers : « Ce n'est pas si clair que ça. » Si vous dites « oui », vous n'avez pas vraiment pénétré la pensée bouddhiste. Pour vous, il s'agit tout simplement de quatre flammes qui sont aussi différentes les unes des autres que quatre flammes qui pourraient brûler simultanément sur quatre bougies distinctes. Si vous dites « non », vous avez compris qu'en fait ces « quatre flammes » dépendent les « unes » des « autres » d'une manière tout à fait particulière. La différence, par exemple, entre les flammes A et B est d'un tout autre ordre que la différence entre les flammes B, B1, etc. Pourquoi ? Tout simplement parce que la couleur, la chaleur et même la forme de la flamme B1 au premier moment de « son » existence dépendent totalement de la couleur et des qualités de la flamme B au dernier moment de « la sienne ». Ces « quatre flammes » donc ne font qu'une seule série d'instants dont la continuité et la singularité sont nettes. Il y a donc continuité mais toujours pas de permanence. Enfin, si vous dites « ce n'est pas si clair que ça », vous commencez quand même à comprendre qu'il peut exister une manière tout à fait autre de regarder les choses qui vous entourent.

À la lumière de cette expérience, j'espère que vous verrez mieux comment les bouddhistes peuvent dire qu'il n'y a rien de permanent dans un individu donné (Paul, par exemple) ET en même temps inscrire cet individu dans une succession interminable de « vies » ou d'« existences » dans le *samsara*. C'est que la longue série d'instants qui constituent la vie de Paul s'inscrit dans une série d'instants encore plus longue. Le premier instant de la vie de Paul est simplement la suite de cette série plus longue, et le dernier moment va déterminer sous quelle forme la série va continuer. Il n'y a rien qui gère le tout et qui ne change pas avec chaque instant qui passe. C'est notre manière erronée de regarder cette série d'instants qui donne l'impression de permanence.

Le bouddhisme ne vous dit donc pas qu'il faut que Paul disparaisse, ni que vous deviez disparaître. Il vous encourage à concentrer toute votre attention sur l'instant et à faire l'expérience du fait que seul cet instant compte réellement. Et c'est à travers cette attention que vous arriverez à dissiper toute illusion concernant la réalité de ce que vous êtes. Le passé est passé, il ne faut donc pas sombrer dans les regrets, ou dans la nostalgie. L'avenir n'existe pas réellement, il ne faut donc pas perdre son temps et son énergie à y rêver ou à s'effrayer des difficultés qui nous attendent. Pourquoi ? Tout simplement parce que vivre dans le passé ou dans l'avenir nous empêche de vivre l'instant présent, le seul que nous ayons réellement à vivre. Pouvoir vivre pleinement et réellement cet instant est donc une vraie libération, dans tous les sens du terme. Mais comment y parvenir ? Nous avons vu qu'il faut pour cela suivre la discipline éthique et mentale du Chemin octuple que propose le Bouddha. Ce sera donc l'objet du prochain chapitre. Pour l'instant, reposez-vous bien – et n'oubliez pas que la seule chose que vous ayez à faire en cette minute, c'est de vous reposer. S'il y a des choses que vous n'avez pas comprises, ne vous inquiétez pas trop, je reviendrai de temps en temps sur certaines d'entre elles, avec des illustrations qui vous permettront de mieux les comprendre.

Notes

(1) Ce texte existe en français. Voir *Les Questions de Milinda*, Éditions Dharma, Peymeinade, 1983.

(2) Voir « Visite de Sa Sainteté le Dalaï Lama », numéro spécial de la revue *Dharma*, Saint-Hugon (73110 Arvillard), avril 1997, p. 29.

6

La discipline bouddhique : pas facile mais très efficace !

Dire que la discipline bouddhique, morale et mentale, n'est pas facile à vivre ne veut pas forcément dire qu'elle ne soit pas facile à comprendre. Je suis même sûr qu'avec un petit effort vous arriverez à deviner ce qu'elle implique ! Vous ne me croyez pas ? Faisons une petite expérience avant de continuer votre lecture. Prenez quelques minutes pour faire une courte liste des comportements (nous nous limiterons dans un premier temps à la discipline morale) qui, selon vous, ne vont pas du tout dans le sens de ce que nous venons de voir à propos de l'enseignement sur la « vacuité du soi » : des actes ou des pensées qui ne feraient qu'intensifier votre attachement à vous-même, à vos idées, à des choses ou à des personnes. Prenez des exemples très concrets dans les divers aspects de votre vie quotidienne (vos relations avec autrui – même avec les animaux –, votre manière de parler, d'utiliser l'argent, de manger, de vous habiller…). Quand vous aurez terminé, nous regarderons ensemble l'éthique que le bouddhisme propose à quiconque veut arriver à l'Éveil et se libérer de la souffrance *(dukkha)* qui gâche la vie de tout un chacun. Vous serez peut-être étonnées de retrouver dans votre liste, sous une forme ou sous une autre, bon nombre des préceptes (nous nous limiterons aux dix préceptes les plus importants) proposés par le Bouddha à ses disciples. Allez-y ! (Si vous n'avez pas le temps, vous pouvez bien sûr continuer à lire, mais vous manquerez une excellente occasion de comprendre très clairement, à partir de votre propre expérience, comment et pourquoi l'éthique proposée par le Bouddha découle tout naturellement de la sagesse bouddhique et de la vision bouddhiste de l'homme.)

Votre liste est terminée ? Voyons d'abord quels sont les comportements qui seraient les plus nuisibles pour autrui et pour nous-même. Nous avons vu plus haut, quand j'ai parlé très brièvement de l'action juste, que le premier précepte du bouddhisme est de s'abstenir de tuer. Il est probable que l'idée même de tuer une autre personne ne vous soit pas venue à l'esprit et que vous ne l'ayez donc pas mise sur votre liste. Mais n'oubliez pas que, dans le bouddhisme, il s'agit de s'abstenir de tuer les êtres vivants quels qu'ils soient, et pas seulement les hommes (pensez à l'amie qui avait tué un moustique lors de sa rencontre avec un moine bouddhiste !). De plus, il faut aussi prendre ce précepte dans son sens positif et comprendre qu'il exige donc un très grand respect envers toute forme de vie. Cette attitude envers tous les êtres vivants est ce qui m'a le plus impressionné et, bien que je ne pratique pas le bouddhisme au sens propre du terme, elle a modifié mon comportement. Un seul exemple : au début de mes études, quand j'étais à la campagne pendant l'été, en train de déchiffrer d'anciens textes chinois ou japonais, je tuais, sans même y penser, des tas de fourmis qui avaient l'audace de s'approcher de mes livres. Et puis un jour, beaucoup plus tard, j'ai constaté qu'au lieu de supprimer ces fourmis je prenais le temps de les réorienter vers d'autres lieux. Vous riez ! Je vais vous donner un autre exemple que vous allez certainement trouver moins drôle. Quand vous étiez toutes petites, vous m'appeliez souvent pour vous délivrer des araignées et autres bestioles qui avaient eu le front de s'installer dans votre chambre. En bon père de famille, je les tuais toutes sans autre forme de procès. Ne vous êtes-vous jamais demandé pourquoi, ces dernières années, je vous disais de me laisser tranquille avec les araignées ? Je le confesse. Je ne les tue plus ! Je les fais détaler dans leur trou. Pardonnez-moi, mais il m'est devenu difficile de tuer même les insectes, tout simplement parce qu'il s'agit de la vie, et qu'il faut reconnaître que supprimer la vie, n'importe quelle vie, est vraiment quelque chose de prétentieux. C'est dire, à travers des actes, que MA vie est plus importante que la leur ou que la VÔTRE. Mais ne vous inquiétez pas. Je n'hésiterais pas à tuer une vipère qui s'apprêterait à vous piquer ! Et cet acte me laisserait serein.

Pour un bouddhiste, l'acte de tuer des êtres vivants, et surtout des hommes bien évidemment, découle de passions comme la haine. Voilà le problème. Tuer un autre être vivant est quasiment toujours un acte égocentrique. Donc, celui qui ne s'abstient pas d'un comportement de ce genre ne pourra jamais accéder à la véritable sagesse. C'est pourquoi, dans le cadre du Noble Chemin octuple, le Bouddha parle aussi des « moyens d'existence justes », c'est-à-dire qu'il affirme au fond que certaines manières de gagner sa vie sont incompatibles avec la poursuite de la sagesse. Sur ce point, les anciens textes sont d'une actualité extraordinaire. Le premier métier interdit, par exemple, c'est celui de marchand d'armes. Et puis il ne faut pas être soldat, ni boucher, ni participer à la vente d'esclaves, etc. Tous ces métiers, selon la tradition bouddhiste, ne respectent pas la vie. De plus, le fait de tuer ou de pratiquer ces métiers montre que l'on n'a pas compris l'enseignement fondamental concernant l'interdépendance de tous les êtres vivants. Dans la perspective bouddhique, tuer un être vivant ou le maltraiter, c'est se nuire à soi-même. De même, se faire violence à soi-même, c'est nuire à tous les êtres vivants de l'univers. En résumé, si sur votre liste se trouvent des actes qui menacent la vie ou qui manifestent un manque de respect pour autrui, pour d'autres formes de vie ou simplement pour la nature, vous n'êtes pas très loin du contenu du premier précepte.

Selon le deuxième précepte, il faut absolument s'abstenir de voler. Le vol, de toute évidence, révèle un égocentrisme profond. Il ne peut donc conduire à une vie d'abandon du soi. Vous avez peut-être pensé à l'inclure, et même à ajouter la convoitise, dans votre liste. Pour les moines bouddhistes, qui en principe ne risquent guère d'être des voleurs potentiels, ce précepte est en réalité beaucoup plus radical dans son application. En effet, les premiers moines bouddhistes, et c'est toujours le cas dans certains pays (surtout en Asie du Sud-Est), étaient mendiants. C'est-à-dire qu'ils se rendaient, ou se rendent, chez les gens chaque jour, pour mendier leur nourriture et celle des autres membres de leur communauté. Mais ils n'avaient – et n'ont – pas le droit d'exprimer leur préférence. Le faire serait renforcer leur attachement à des choses et donc à eux-mêmes. Ils n'avaient même pas le droit d'aller mendier chez les membres de leur famille, car ceux-ci risquaient de savoir ce qu'ils aimaient. Non, un moine doit simplement se présenter aux gens et accepter humblement ce qui est mis dans son bol, même s'il s'agit de viande. Le non-attachement, vous le voyez, est absolument primordial. Pensez à ces moines, la prochaine fois que votre mère vous donnera des épinards à manger !

Je ne sais pas si, en faisant votre liste, vous avez pensé à la dimension sexuelle de l'existence humaine. Dans les textes bouddhiques les plus anciens, le troisième précepte donne en effet des repères très nets à propos du comportement sexuel le mieux adapté pour ceux qui visent l'Éveil. Il faut s'abstenir de fornication et de toute forme d'impureté. Mais comment déterminer ce qui est pur et ce qui est impur ? Bonne question ! La réponse est beaucoup plus complexe que vous ne pouvez l'imaginer. Dans les traditions les plus anciennes, les moines et les moniales renonçaient à la vie de famille. Tout acte sexuel était purement et simplement considéré comme une offense à ce précepte. Pour les bouddhistes laïcs, toujours selon ce précepte, l'acte sexuel en dehors d'une union stable entre une homme et une femme était interdit. Plus tard, sous l'influence d'autres cultures, l'enseignement et la pratique ont évolué considérablement, mais nous verrons cela plus loin. Il suffit de dire ici qu'à l'époque du Bouddha le désir sexuel, et plus encore le passage à l'acte, était dans le meilleur des cas suspect, parce que égocentrique et/ou source d'attachement.

Le quatrième précepte concerne l'usage que l'on fait de la parole. Très souvent, on le résume en disant simplement qu'il faut s'abstenir de mentir. Je trouve cette formulation très faible pour exprimer sur ce point la profondeur de l'éthique bouddhiste. C'est peut-être le terme « mentir » qui me gêne. Pour nous, d'habitude, il a le sens de « faire un mensonge » (un mensonge, selon le *Petit Robert*, est « l'assertion sciemment contraire à la vérité, faite dans l'intention de tromper » ou le fait d'« affirmer ce qu'on sait être faux, ou nier, taire ce qu'on devrait dire ». Dans le bouddhisme, il vaudrait mieux situer ce précepte dans le contexte de « la parole juste » (un des aspects du Noble Chemin octuple). Je cite toujours alors le vénérable Walpola Rahula, moine bouddhiste qui a fait des études approfondies au Sri Lanka et en France. Dans son livre *L'Enseignement du Bouddha d'après les textes les plus anciens*, il nous dit ceci :

> La parole juste signifie l'abstention : 1) du mensonge; 2) de la médisance et de toute parole susceptible de causer la haine, l'inimitié, la discussion, le désaccord entre individus ou groupes de personnes; 3) de tout langage dur, brutal, impoli, malveillant ou injurieux; et, enfin, 4) de tout bavardage oiseux, futile, vain et sot. À partir du moment où l'on s'abstient de toutes ces formes de paroles fausses et nuisibles, on doit dire la vérité, on doit employer des mots amicaux et bienveillants, agréables et doux, qui aient du sens et qui soient utiles. On ne doit jamais parler négligemment mais toujours au moment et au lieu convenables. Si on n'a rien d'utile à dire, on devra garder un « noble silence ». (1)

Imaginez ce qu'il adviendrait de notre société si tout le monde faisait un effort dans ce sens ! Et il est évident qu'il n'est pas nécessaire d'être bouddhiste pour vivre cet idéal. Mais il est également évident que, dans le contexte de la voie bouddhique, cette manière d'utiliser la parole est la seule qui puisse favoriser la dissipation lente mais sûre de l'ignorance et du comportement égocentrique qui en découle. J'espère donc que vous avez mentionné l'importance de la parole, ou du silence, quelque part sur votre liste.

Il serait peut-être bon de dire un mot ici de la pédagogie bouddhique. Quand on commence à lire attentivement les ouvrages principaux des innombrables écritures bouddhiques, on peut être frappé par les contradictions apparentes qui s'y trouvent. J'ai rencontré certains chercheurs qui voulaient à tout prix faire le tri entre les ouvrages qui enseignent « la vérité » et ceux qui la détourneraient et dévieraient donc de l'enseignement authentique du Bouddha. C'est oublier que, dans le bouddhisme, tout enseignement est déjà une adaptation à la disposition intérieure de celui à qui il est destiné. Il ne s'agit ni de détournement, ni de déviation et certainement pas d'un manquement au quatrième précepte (la parole juste). Ces « contradictions », dans la perspective bouddhique, montrent que, dans la pédagogie et l'éthique bouddhiques, la parole doit être adroitement employée pour aider chacun à avancer, à son rythme, vers l'Éveil. À ceux qui ne sont pas prêts à recevoir et à assimiler toute la sagesse concernant la vacuité du soi, on donne un enseignement qui est parfois comparé à du lait. À ceux qui sont plus avancés, on donne des enseignements plus avancés que l'on compare à de la crème ou encore à du beurre (plus riches, mais aussi plus difficiles à digérer). Donner du beurre à quelqu'un qui ne peut le digérer, sous prétexte qu'il faut dire la vérité tout le temps et partout, serait abuser de la parole. Gardez ce point de vue à l'esprit car il va vous aider à mieux comprendre comment, à travers les siècles, les bouddhistes des diverses écoles ont expliqué la grande diversité de la tradition bouddhique. Il explique aussi pourquoi les enseignements des grands maîtres bouddhistes donnés lors de grands rassemblements ou à la télévision peuvent sembler bien fades quand on les compare à la richesse des enseignements qu'on trouve dans les textes. C'est qu'en grands pédagogues, les maîtres adaptent l'enseignement au niveau de leur public. Cela explique peut-être leur silence quand des gens disent, en leur présence, qu'ils aiment bien le bouddhisme parce qu'il les laisse tranquilles, ou parce qu'il n'est pas exigeant…

Nous n'allons pas nous arrêter trop longtemps sur les autres préceptes, car vous avez compris comment toute la conduite éthique (et donc l'ensemble des préceptes) est à la fois un reflet de la sagesse bouddhique et un moyen destiné à aider le pratiquant à approfondir cette sagesse. Selon le cinquième précepte, il faut s'abstenir de liqueur fermentée, d'alcool et de toute boisson forte. Pourquoi ? Parce que ces boissons excitent les passions que le pratiquant veut justement déraciner. De plus, elles diminuent considérablement la capacité de l'individu à se concentrer et à pratiquer la discipline mentale, alors qu'elle est la véritable clé de la sagesse. Le sixième précepte concerne la nourriture. Il faut s'abstenir de manger à des heures défendues (dans certaines formes de bouddhisme, par exemple, les moines et les moniales ne peuvent pas manger après midi). Tout comme le sixième précepte, les quatre derniers concernent la vie monastique. Je vais donc simplement vous en donner la liste très rapidement : 7) s'abstenir de danser, de chanter et de tout spectacle ; 8) s'abstenir d'orner et d'embellir sa personne au moyen de guirlandes, de parfum et d'onguents ; 9) s'abstenir de faire usage d'un lit ou d'un siège élevé ou spacieux (il s'agissait à l'époque de signes de richesse ou d'importance… tout à fait incompatibles avec la notion de « vacuité du soi ») ; 10) s'abstenir de recevoir de l'or et de l'argent (vous voyez bien le lien entre la pauvreté et l'oubli du soi, et vous avez sans doute inclus sur votre liste quelques points concernant le rapport de l'individu à l'argent).

Voilà donc un résumé de l'essentiel de la « conduite éthique » ou de la « discipline morale » proposée par le bouddhisme, surtout sous ses formes les plus anciennes – mais toujours dominantes dans les pays du Sud-Est asiatique. Tout est destiné, certes, à éteindre peu à peu le feu des passions qui risque sans cesse d'être alimenté par les actes interdits dans ces préceptes. Tout est destiné aussi à créer, chez le pratiquant et autour de lui, les conditions les plus favorables pour la pratique de la discipline mentale. Sans cette discipline, et ici il faut être très lucide, il est clair qu'il est quasiment impossible d'arriver à faire, dans cette vie, l'expérience d'Éveil que le Bouddha a faite. C'est pourquoi, dans la deuxième partie de ce chapitre, nous allons essayer de voir d'un peu plus près en quoi consiste cette discipline.

Comme point de départ, je voudrais revenir avec vous aux années où vous avez découvert le cinéma (à travers la télévision d'abord et puis dans les grandes salles où les images étaient encore plus impressionnantes). Je me rappelle très bien le soir où nous sommes allés voir *La Belle et la Bête* de Cocteau. Vous avez eu très peur et j'ai beaucoup regretté d'avoir cédé à vos demandes incessantes d'aller voir ce film. C'était comme si vous n'aviez pas pu faire la distinction entre le film et la réalité. J'aurais voulu arrêter le projecteur, vous amener jusqu'à l'écran pour vous le faire toucher, vous faire voir que les images qui provoquaient chez vous tant de frayeur n'étaient qu'un jeu de lumières et qu'il n'y avait vraiment pas de quoi avoir peur. Bien sûr, en revenant à votre place vous auriez sans doute continué à être effrayées, mais vous auriez, du moins, vu ces images pour ce qu'elles étaient. Plus tard, dans d'autres circonstances du même genre, cette expérience aurait pu vous être utile.

De même, selon l'analyse bouddhiste des choses, chacun de nous est victime de son propre cinéma intérieur. Chacun, dans son ignorance, confond ce cinéma, source de peur, de violence, de convoitise… avec la réalité. La discipline mentale donne les moyens d'arrêter ce cinéma et d'en analyser les divers aspects pour prendre conscience du fait qu'il n'y a pas de quoi avoir peur et que, surtout, il n'est rien qui mérite l'importance accordée au « soi permanent » sans cesse projeté sur notre écran intérieur.

Comme l'éthique, la discipline mentale trouve sa place dans le cadre du Noble Chemin octuple : elle comprend l'effort juste, l'attention juste et la concentration juste (n'oubliez pas que le mot « juste » a ici le sens de « correct », de ce qui aide à voir les choses telles qu'elles sont réellement). Le pratiquant saisit que le fait de projeter sans cesse ces images, qui ne correspondent pas du tout à la réalité telle qu'elle est, ne sert finalement qu'à renforcer les murs de sa prison (pensez au polygone que vous avez tracé au chapitre 5 !). Il comprend que ces images le plongent dans un comportement égocentrique qui engendre des conflits et, bien sûr, porte des fruits karmiques… et vous connaissez maintenant la suite. C'est ainsi que la boucle est bouclée et que l'individu est assuré de renaître encore et encore, dans le tourbillon vertigineux du *samsara*.

Il n'est pas dans mon intention de vous faire ici une présentation systématique des différentes formes de la discipline mentale bouddhique. Je me limiterai à quelques pratiques caractéristiques du bouddhisme dit « ancien », car ce que nous cherchons, je le rappelle, c'est toujours la sève qui donne vie à tous les « arbres bouddhiques » qui existent en France aujourd'hui. Nous verrons plus loin d'autres pratiques, développées plus tard, lors de l'expansion du bouddhisme. Je n'ai en rien la prétention de vous « initier » à la discipline mentale bouddhique. Seul un maître bouddhiste chevronné pourrait le faire. Nous allons simplement réfléchir à la place que cette discipline occupe dans la vie d'un vrai bouddhiste et à la manière dont elle peut délivrer l'individu de la souffrance qui pèse sur lui dans ce monde si douloureux. En d'autres termes, nous allons essayer de comprendre ce que sont l'effort juste, l'attention juste et la concentration juste.

Dès le premier chapitre, j'ai beaucoup insisté sur l'exigence et l'urgence de la voie bouddhique. Alors, si vous avez compris ce qu'était l'éthique bouddhique et si vous n'êtes toujours pas convaincues du bien-fondé de cette insistance, je vous invite à méditer longuement ces paroles tirées d'un texte très ancien :

En vérité, le disciple qui possède la foi et a compris l'enseignement du Maître est rempli de cette pensée : « Que plutôt ma peau, mes muscles, mes os se flétrissent, que ma chair et mon sang se dessèchent, mais que je n'abandonne pas mes efforts tant que je n'aurai pas atteint ce qui peut être atteint (c'est-à-dire l'Éveil), par une persévérance virile, de l'énergie et des efforts. » (2)

Ces mots sont assez clairs pour que quiconque puisse deviner l'importance de l'effort juste dans la démarche d'un bouddhiste. Personne n'arrive à l'Éveil par hasard. Comme dans toute grande tradition spirituelle, il est nécessaire de s'investir totalement pour aboutir. Dans le bouddhisme, on parle de quatre sortes d'efforts, et, puisque la vie intérieure ne vous est pas étrangère, je suis certain que, si je vous en laissais le temps, vous pourriez les découvrir vous-mêmes, car au fond il s'agit d'une question de bon sens. Il faut d'abord faire l'effort, considérable, d'éviter les états mentaux négatifs (les pensées sensuelles, la colère, la haine…) qui nourriraient un comportement non conforme à la sagesse et aux préceptes mentionnés plus haut. Mais vous savez aussi bien que moi que, quelle que soit la vigilance qu'un individu déploie pour se protéger de ces états mentaux, il en fera inévitablement l'expérience. À ce moment-là, il devra faire le deuxième effort, c'est-à-dire faire tout pour les surmonter car quiconque s'est engagé sur une voie intérieure exigeante ne peut accepter sans rien faire la présence, en lui, de ces pensées. Le troisième effort est celui que l'individu doit faire pour créer les dispositions positives de l'esprit (confiance en Bouddha, non-attachement, compassion…) qui vont l'aider à vivre les préceptes et à approfondir la sagesse. Enfin, il y a l'effort qu'il faut faire pour approfondir les dispositions positives déjà présentes en celui qui pratique. Il n'y a rien de mystérieux ni d'exotique dans tout cela. Mais pour arriver au bout du chemin, la persévérance est indispensable, comme en témoignent les paroles citées plus haut. Dans ce sens, le vrai bouddhisme ne pourra jamais être quelque chose « à la mode », et on peut même aller jusqu'à dire que ce qui est « à la mode » sera toujours mis en question par le véritable bouddhisme.

Celui qui intègre l'effort juste à son style de vie verra la pratique de l'attention juste, au cœur de la discipline mentale, devenir beaucoup plus féconde. En effet, il pourra devenir « attentif » à ce qui lui arrive, à ce qui se passe en lui, à chaque instant. Cela implique évidemment un véritable travail sur soi-même. Mais il est clair que, selon le Bouddha, seule cette attention permet à l'individu de pénétrer le sens profond de la Loi bouddhique – ou *Dharma*. Le Bouddha est très explicite sur ce point. Dans le *sutra* consacré à cette pratique, il dit :

> Il n'y a qu'une seule Voie, ô moines, conduisant à la purification des êtres, à la conquête des douleurs et des peines, à la destruction des souffrances physiques et morales, à l'acquisition de la conduite droite, à la réalisation du *nibbana (nirvana)*, ce sont les quatre bases de l'attention (3).

Les quatre « bases de l'attention » auxquelles le Bouddha fait référence ici sont le corps, les sensations et émotions, les activités de l'esprit et les phénomènes. Aucune dimension de l'expérience humaine n'est laissée de côté. Le pratiquant contemple le corps pour voir comment il se forme, comment il se défait, comment il est composé..., afin de saisir qu'il n'y a rien en lui qui corresponde à un soi permanent. Il fait de même avec les sensations, avec les activités de l'esprit et avec tous les phénomènes. Finalement, il saisit la vérité fondamentale et comprend que rien n'arrive par hasard. Pour utiliser la première moitié d'une ancienne formule bouddhiste, il devient pleinement conscient du fait que : « Ceci étant, cela est ; de l'apparition de ceci, cela apparaît. » Quand il sent la colère monter en lui, par exemple, il va saisir d'où elle vient et jusqu'où elle est capable de le mener. Et c'est en regardant en face cette montée de la colère, en analysant ses origines et sa capacité de nuire, qu'il va mieux pouvoir la gérer, voire la transformer en un état d'esprit positif. Pour en revenir à l'image du cinéma intérieur, c'est grâce à la pratique de l'attention qu'il pourra arrêter le film et voir que sa colère est fondée sur tout un ensemble de facteurs qui découlent d'une manière erronée de regarder le monde, laquelle n'a pas de fondement réel. Il va en même temps découvrir la vérité de la deuxième partie de la formule que je viens d'évoquer : « Ceci n'étant pas, cela n'est pas ; de la disparition de ceci, cela est supprimé. » Les termes sont un peu hermétiques mais il s'agit d'une réalité simple. De l'ignorance découle toute une manière erronée de penser et de se comporter, qui entraîne à son tour toutes sortes de conséquences néfastes pour autrui et pour soi-même… et cela jusqu'à une renaissance plus ou moins malheureuse. Mais si l'on élimine l'ignorance, la manière erronée de penser et de se comporter va automatiquement être éliminée ; il n'y aura donc pas de conséquences négatives d'un comportement égocentrique puisque celui-ci sera inexistant, et donc pas de possibilité de renaissance dans le monde du *samsara*. C'est une autre manière d'exprimer la vérité contenue dans les premiers versets du *Dhammapada* que nous avons vu plus haut, qui célèbrent les liens existant entre le mental impur et le malheur d'un côté et entre le mental purifié et le bonheur de l'autre.

Pour bien imaginer ce que peut être l'attention juste, il suffit de penser à son contraire. Car si la pratique de l'attention juste risque de nous être étrangère, l'expérience d'un manque d'attention fait partie de la vie quotidienne de chacun ! En effet, normalement l'individu ne voit pas les choses telles qu'elles sont. Tout est filtré par un ensemble de préjugés, d'attachements (surtout à soi-même), de désirs, de répulsions… accumulés tout au long de sa vie. En Amérique, par exemple, vos cousins ne disent jamais : « J'ai soif », ce qui correspondrait à une sensation « objective ». Ils disent : « Je veux un Coca. » L'expérience fondamentale de la soif est simplement remplacée par le désir de boire un Coca-Cola, désir entretenu par l'habitude, par les centaines de millions de dollars investis dans la publicité... La voiture est-elle un simple moyen de locomotion pour aller d'un lieu à un autre ? Pour donner le désir d'en acheter une et pour les vendre, certaines grandes marques sont prêtes à faire n'importe quoi, même à payer une fortune aux top models qui acceptent de poser à côté de leur nouveau modèle, comme si leur présence lui donnait une valeur exceptionnelle. Et cela marche ! La prochaine fois que vous feuilletez un magazine ou que vous regardez la télévision, essayez de voir comment des symboles sécurisants, valorisants, attirants, excitants, sont associés aux produits que l'on veut vendre, alors qu'ils n'ont rien à voir avec le produit en question. Vous aurez peut-être quelques surprises ! Le monde de la publicité est un excellent exemple du manque d'attention qu'il y a dans nos vies. Mais il y en a bien d'autres : la pression des groupes dans lesquels nous vivons, l'opinion publique, le « politiquement correct » et même le « religieusement ou spirituellement correct »... Se libérer de tout cela n'est pas facile, mais c'est nécessaire. Selon le bouddhisme, seule la pratique de l'attention juste permet à l'individu de faire des progrès dans sa quête de libération.

Pourtant, aussi importante qu'elle soit, l'attention juste risquerait d'être un exercice stérile si elle n'était pas accompagnée par la pratique de la concentration juste. Le rapport entre ces deux aspects de la discipline mentale est parfois comparé à ce qui se passe dans un laboratoire d'analyses de biologie médicale. Dans un premier temps, tout doit être soigneusement préparé : la stérilisation des instruments, la prise de sang, la préparation des lamelles… La moindre erreur risquerait de fausser les résultats. Ce travail correspond à l'attention juste. Une fois que tout est en place, et seulement à ce moment-là, on peut regarder dans le microscope. On peut alors concentrer toute son énergie sur le véritable objet de l'analyse. Cela, évidemment, correspond à la concentration juste, par laquelle le pratiquant fixe sa pensée sur un point ou sur un objet unique. Pour réussir, il faut une très grande quiétude mentale, il faut savoir faire silence. Cette capacité est absolument essentielle à la vie spirituelle. C'est pourquoi votre mère et moi avons essayé de vous initier à cette démarche (je n'hésite pas à parler d'initiation dans ce cas, car « l'art » de faire silence est aussi indispensable à la voie chrétienne qu'il l'est à celle que propose le Bouddha). Mais c'est quelque chose d'extrêmement difficile aujourd'hui, il faut l'avouer. Le silence n'est pas simplement l'absence de bruit, pas plus que la paix véritable n'est la simple absence de guerre. Vous vous rappelez la forêt où nous « écoutions » le silence. Là, vous avez fait l'expérience de l'épaisseur du vrai silence. Vous avez compris, du moins je l'espère, que ce silence « parle » d'une dimension de la vie qui risque d'échapper à ceux qui se réfugient dans l'activité et le bruit ou qui les laissent envahir leur vie ; il « porte » vers des horizons dont nous ne soupçonnerions même pas l'existence sans lui ; il « nourrit » la quête intérieure et nous aide même à nous rapprocher de ceux qui sont physiquement séparés de nous. Vous pressentez alors pourquoi c'est dans le silence que les bouddhistes et les chrétiens se sentent le plus proches les uns des autres.

Cette concentration juste, qui dépend de l'effort et de l'attention justes, ainsi que d'une fidélité à l'éthique bouddhiste, conduit à la pleine conscience de ce que l'homme est vraiment et de ce qu'est le monde dans lequel il vit. Et cette pleine conscience rend la pratique des vertus du bouddhisme (la générosité ou « le don », la compassion, la patience…) à la fois plus féconde et plus facile, car toutes ces vertus sont le simple reflet, nous l'avons vu, de la grande vertu de sagesse.

Tout au long de cette démarche, il faut faire confiance au Bouddha, à son enseignement (le *Dharma*), qui est l'expression de cette vérité, et à la communauté bouddhique (le *Sangha*), c'est-à-dire à l'ensemble de ceux qui ont choisi de poursuivre leur quête intérieure en suivant le

Bouddha. Ce sont là les trois joyaux dans lesquels les bouddhistes prennent refuge tous les jours en récitant la formule du Triple Refuge : « Je prends refuge dans le Bouddha ! Je prends refuge dans le *Dharma* ! Je prends refuge dans le *Sangha* ! »

Jusqu'ici, vous avez donc appris à connaître le Bouddha et certains aspects de son enseignement. Il nous reste à découvrir la communauté bouddhique. Mais les choses se compliquent un peu ici car, tout en étant le « lieu » où se vit la vérité libératrice enseignée par le Bouddha, elle est aussi celui où se sont créées les divisions qui perdurent encore aujourd'hui. C'est également au sein de cette communauté que se sont développées de « nouvelles » formes de bouddhisme partout en Extrême-Orient. Si je mets l'adjectif « nouvelles » entre guillemets, c'est que toutes ces formes puisent leur vie dans la sève unique que nous avons déjà découverte. N'oubliez pas la métaphore de l'arbre bouddhique ! Alors, si vous voulez savoir la suite de « l'histoire » du Bouddha et les débuts de celle du bouddhisme, je vous invite à m'accompagner jusqu'au chapitre suivant.

Notes

(1) Walpola Rahula, *L'Enseignement du Bouddha d'après les textes les plus anciens*, Éditions du Seuil, coll. « Points Sagesse », n° 13, Paris, 1961, p. 70.

(2) Voir *La Parole du Bouddha*, Nyanatiloka, Librairie d'Amérique et d'Orient-Adrien-Maisonneuve, Paris, 1983, p. 76.

(3) *« Satipatthana sutta » dans Majjhima nikaya : « Les moyens discours du Bouddha »* (traduction de Jean Bertrand-Bocandé), Les Deux Océans, Paris, 1953, p. 138.

7

Vers de nouvelles formes du bouddhisme

Peut-être la meilleure façon de commencer ce chapitre sur la communauté bouddhique est-elle de vous poser une question très simple. Vous avez sans doute compris que se lancer sur la Voie du Bouddha n'est pas facile. Alors imaginez que vous décidiez vous-mêmes de le faire : pensez-vous que vous seriez capables d'avancer toutes seules sur cette voie, ou préféreriez-vous cheminer avec ceux qui auraient fait le même choix que vous, et être accompagnées par des maîtres pleins d'expérience ? Vous choisiriez sans doute de vivre tout cela en communauté, car vous sentez bien que quiconque s'aventurerait seul sur une voie aussi exigeante courrait tout droit à la déception et à l'échec. C'est exactement ce qu'ont pensé les premiers auditeurs du Bouddha, et ses cinq premiers compagnons se sont regroupés pour établir une communauté qui est toujours bien vivante aujourd'hui. Vous trouverez là ce qu'il y a de plus grand et de plus noble dans le bouddhisme, car cette communauté est en quelque sorte l'expression vivante de la Loi bouddhique. Bien sûr, vous y rencontrerez également les limites de toute communauté humaine : ambitions, conflits, exclusions, et même violences (eh oui ! même le bouddhisme a connu la violence avec, par exemple, des armées de moines guerriers se battant entre eux et n'arrêtant pas de se mêler à la vie politique). En effet, à l'image de toute communauté religieuse ou simplement humaine, la communauté bouddhique est faite de femmes et d'hommes comme vous et moi. Elle n'a jamais été, et ne sera jamais, totalement à l'abri des passions et de l'ignorance qui font partie de la condition humaine. Mais le reconnaître lucidement nous permet, sans tomber dans l'angélisme, de contempler la lumière dont cette communauté a été – et est encore – porteuse, à travers les siècles et jusqu'aux extrémités de la terre.

Au début, avant la mort du Bouddha, les membres de la première communauté étaient convaincus qu'il fallait que chacun puisse parvenir à l'Éveil aussi rapidement que possible : ils ont donc adopté le style de vie radical des moines itinérants. Cela impliquait le célibat, la pauvreté et une règle de vie très stricte. Tous ceux qui voulaient faire partie de cette communauté devaient « quitter la maison », car être fidèle aux responsabilités familiales et se consacrer en même temps, sans réserve, à la discipline mentale bouddhique semblait peu compatible. Et pourtant de nombreux « maîtres de maison » étaient attirés par l'enseignement et par la vie exemplaire du Bouddha. Le Maître les a donc accueillis et en a fait des fidèles laïcs : il les a dotés, eux aussi, d'une règle de vie – mais beaucoup plus légère que celle des moines.

Comme vous êtes toutes les deux sensibles au statut de la femme dans la société, j'imagine déjà la question qui vous brûle les lèvres : « Et les femmes dans tout cela ? » Au début, du moins selon les textes, le Bouddha refusa de les accueillir et il résista longtemps aux demandes répétées de sa tante – qui l'avait élevé après la mort de sa mère – et des compagnes qu'elle amenait avec elle et qui voulaient, elles aussi, devenir membres de la communauté. Mais comme Ananda, son plus proche disciple, ne cessait d'intervenir en leur faveur, il accéda finalement à leur désir. Quelques-unes de ces nonnes bouddhistes ont d'ailleurs laissé des textes de haute tenue spirituelle. À la décharge du Maître, reconnaissons qu'il s'agissait d'un geste très novateur à cette époque ; en les accueillant dans la communauté, il leur a d'ailleurs posé de nombreuses conditions : leur règle serait plus stricte que celle des moines ; tout moine, même le moins ancien, aurait toujours la préséance sur la nonne la plus ancienne ; le Bouddha ajouta même que sa décision d'accepter les femmes provoquerait le raccourcissement de la période au cours de laquelle la Loi bouddhique pourrait s'épanouir.

Ainsi, beaucoup plus tard, dans d'autres pays (surtout en Chine et au Japon), de grands maîtres, qui connaissaient sans doute fort bien ces récits, ont pu annoncer la fin de l'âge d'or du bouddhisme. Ils ont alors beaucoup simplifié la pratique bouddhique pour la rendre accessible aux êtres qui avaient le malheur de naître dans ce qu'ils appelaient « la période de la décadence de la Loi ».

À propos de la place des femmes dans le bouddhisme ancien, n'oublions pas non plus les laïques qui, tout comme les « maîtres de maison », soutenaient elles aussi les moines et les nonnes dans leur quête de l'Éveil. En offrant de quoi vivre convenablement à ces êtres qui s'investissaient à fond dans la Voie, tous ces laïcs, hommes et femmes, pratiquaient la générosité (la vertu du « don »). Ils créaient ainsi des liens karmiques avec la communauté et avec la Loi bouddhique, ce qui leur valait de mériter en principe une renaissance ultérieure dans des circonstances plus favorables à la quête spirituelle. Moines et nonnes pratiquaient de leur côté le « don » envers les laïcs, puisqu'ils leur offraient l'enseignement bouddhique. C'est ainsi que des civilisations entières ont pu devenir bouddhistes alors même que relativement peu de gens étaient capables de faire ce qu'il fallait pour arriver à l'Éveil dès leur vie présente.

La communauté bouddhique ainsi constituée n'a cessé de croître, depuis le premier sermon du

Bouddha à Bénarès jusqu'à la « mort » du Maître, environ quarante-cinq ans plus tard. (Je mets le mot « mort » entre guillemets car je pense que dans ce cas il ne convient pas vraiment. Dans le contexte du bouddhisme, la mort s'inscrit dans le cycle des morts et des naissances. Celui qui meurt, au sens ordinaire du mot, va donc nécessairement renaître. Ce n'était pas le cas pour le Bouddha. Il serait sans doute plus précis de dire qu'il est sorti définitivement du cycle du *samsara* pour atteindre le *nirvana*.) Excusez mes nombreuses parenthèses, mais cette affaire n'est pas simple ! Continuons... Pendant ces quarante-cinq ans, le Bouddha a donc prêché, il a donné des conseils aux laïcs, tranché les questions relatives à la règle, guidé ses disciples, réglé les disputes entre eux (certains avaient même été jusqu'à monter un complot contre lui) ; il a débattu avec d'autres hommes spirituels de l'époque qui proposaient des idées qu'il estimait, lui, totalement, erronées... Bref, il a fait tout ce que l'on peut attendre d'un Maître de sa stature. L'unité de la communauté et, dans une grande mesure, le progrès spirituel de ses membres dépendaient donc de sa présence. Cela explique le désarroi de ses disciples quand s'est approché le moment où il allait quitter définitivement ce monde.

Ananda, qui était extrêmement inquiet de ce qui risquait d'arriver à la communauté après la disparition du Maître, lui a donc demandé de leur donner quelques conseils. Vous apprécierez mieux l'intensité de ce moment et l'importance de la réponse du Bouddha si vous vous rappelez son estime pour ce disciple qui l'avait si bien servi tout au long de sa vie. Voyez ce qu'il dit aux autres moines :

Tous les Bouddhas du passé ont été servis et assistés par des disciples comme Ananda, eux aussi. Tous les Bouddhas de l'avenir seront servis et assistés par des disciples comme Ananda, eux aussi. Cependant, les disciples qui ont servi et assisté les Bouddhas du passé savaient ce dont leur maître avait besoin après que celui-ci leur eut dit, tandis qu'à présent Ananda lève les yeux vers moi et il sait aussitôt ce dont le Tathagata [titre du Bouddha qui veut dire « celui qui est venu ainsi »] a besoin. Cela est une qualité propre à Ananda qui n'avait jamais existé auparavant [...] Quand Ananda entre en silence dans un groupe de moines, tous se réjouissent en le voyant. Quand il prêche la doctrine à ce groupe, ils se réjouissent tous en l'entendant. Ils contemplent son attitude pleine de dignité, et ils l'écoutent prêcher la doctrine sans se lasser (1).

C'est donc à Ananda et, à travers lui, à tous les bouddhistes de tous les temps, que le Bouddha a expliqué que chacun devait tout simplement « être à lui-même sa propre île, son propre flambeau, son propre refuge ». Si l'on n'a pas lu ou pas compris la première partie de ce livre, on trouvera peut-être cela extrêmement décevant. En effet, on aurait pu s'attendre à recevoir des instructions précises concernant l'avenir de la communauté, à recueillir peut-être un mot définitif sur la hiérarchie des moines, l'établissement d'un magistère pour surveiller la pureté de la doctrine… Mais non ! Rien, sinon ce conseil d'être à chacun son propre refuge.

En fait, à travers ces mots, le Bouddha oriente ses disciples vers la vérité fondamentale qu'il leur a enseignée tout au long de sa vie : seule la Loi bouddhique est véritablement libératrice. Mais où se trouverait-elle sinon d'abord dans l'expérience de chacun ? Vous vous rappelez que j'ai insisté sur ce point à plusieurs reprises. Cette Loi pénètre toutes les dimensions de la vie. C'est pourquoi le Bouddha a toujours dit que le pratiquant devait absolument vérifier, à la lumière de sa propre expérience, tous les enseignements qu'il recevait, car ils risquaient fort, sinon, de lui rester incompris, et son expérience d'homme risquait, elle, de rester à jamais une douloureuse énigme. Donner un dernier enseignement était donc inutile : l'essentiel avait été dit. Inutile également de parler de l'éthique et de la discipline mentale : rien de nouveau ne pouvait être ajouté. Avec ces derniers mots, et sans nier l'importance ni de l'enseignement, ni de la discipline, le Bouddha a simplement souligné que le vrai danger qui guettait le pratiquant était d'imaginer que l'Éveil pouvait venir de l'extérieur. On comprend pourquoi certains maîtres, beaucoup plus tard, diraient à leurs disciples que, s'ils voyaient le Bouddha, ils devaient le tuer ! C'était, au fond, une manière très forte d'actualiser le dernier conseil du Bouddha. Le germe de l'Éveil est dans l'esprit de chacun, dans sa propre expérience, et nulle part ailleurs.

Vous mesurez sans doute la force de cet ultime conseil et combien il a pu dynamiser les disciples dans leur recherche de l'Éveil. Vous pouvez imaginer aussi que son silence sur l'avenir de la communauté a laissé la porte ouverte à des interprétations fort différentes de son enseignement. En effet, après sa disparition, faute de successeur désigné ou même d'une structure qui aurait pu en nommer un, personne n'a pu prétendre parler en son nom ou trancher lorsqu'il y a eu des conflits à propos de la doctrine, de la discipline ou d'autres sujets. Dans un premier temps, grâce sans doute à la mémoire des disciples qui avaient connu le Bouddha, les choses se sont assez bien passées. Pourtant, peu à peu, sous l'influence de maîtres doués et respectés par leurs pairs mais qui n'avaient jamais rencontré le Bouddha lui-même, plusieurs écoles bouddhiques se sont formées. Chacun de ces maîtres puisait dans une sorte de fonds commun de dits et de faits du Bouddha établi par ses disciples directs. Ce travail de compilation a d'ailleurs probablement été accompli lors du premier concile bouddhique qui a eu lieu, selon la tradition, peu de temps après la disparition du Bouddha. Là, devant cinq cents *arhats* (ce mot veut dire « digne de »), Ananda aurait repris tous les sermons que le Bouddha avait prononcés. Ces hommes « dignes de » respect parce que, à travers un long combat, ils avaient éteint, l'une après l'autre, toutes les passions qui enferment l'homme dans le monde du *samsara* étaient à ce moment-là les piliers de la communauté bouddhique. L'ensemble des sermons (ou *sutras*) récités par Ananda et qu'ils ont reconnus comme authentiques constituent la première des trois parties du « canon » des écritures bouddhiques. Aujourd'hui, si vous ouvrez ces *sutras*, qui sont à la maison – ce sont les livres qui occupaient les étagères les plus hautes quand vous étiez petites (devinez pourquoi !) –, vous découvrirez qu'ils commencent toujours par les mots : « Ainsi ai-je entendu... » Ce « je » est celui d'Ananda et, pour les bouddhistes, cette formule est devenue une sorte de garantie que le *sutra* en question a réellement été prononcé par le Bouddha. La deuxième partie du canon contient les textes disciplinaires, récités devant la même assemblée d'*arhats* par un autre disciple du Bouddha. Ce canon est complété par une série de commentaires dans lesquels les enseignements du Bouddha sont présentés de manière systématique.

Je ne vais pas m'appesantir sur l'histoire du développement des premières écoles – ou sectes – bouddhiques. (Dans ce contexte, le mot « secte » n'a pas la connotation négative qu'il a aujourd'hui chez nous. C'est un mot technique que vous trouverez dans beaucoup d'autres livres sur le bouddhisme.) Sachez seulement que moins de deux siècles après la disparition du Bouddha, les conflits entre certains courants de pensée étaient devenus tellement importants que l'empereur lui-même dut convoquer un autre concile. Il espérait ainsi réconcilier tout le monde et préserver la paix. Malheureusement, les grands maîtres de l'époque n'arrivèrent pas à se mettre d'accord et les litiges déjà existants ne firent que s'aggraver. Tout était donc en place pour la division la plus importante de l'histoire du bouddhisme : celle qui a provoqué la séparation entre le Grand Véhicule *(Mahâyâna)* et le Petit Véhicule *(Hînayâna)*. « Véhicule » ? Oui, comme un bateau dans lequel les pratiquants monteraient pour aller vers l'autre rive de l'océan du *samsara*, c'est-à-dire pour arriver à l'Éveil et au *nirvana*.

Il n'est pas facile de parler de cette division douloureuse sans donner l'impression que les uns ou les autres ont été soit plus fidèles à la plus ancienne tradition, soit plus ouverts aux aspirations de tous les individus qui voulaient accéder à l'Éveil dans cette vie sans forcément devenir moine ou nonne. On sent cette tension quand on visite les pays bouddhistes, et surtout quand on y étudie le développement doctrinal du bouddhisme. En effet, les populations de ces pays sont habituellement soit massivement « mahayaniques » (c'est-à-dire adhérentes des différentes écoles du Grand Véhicule), soit « hinayaniques » (adhérentes du Theravada [l'École des Anciens], qui est aujourd'hui la seule école survivante du Petit Véhicule). Le nom même de Petit Véhicule illustre bien le problème. C'est une appellation, peu flatteuse, qui à l'origine voulait souligner l'étroitesse des écoles qui existaient au début de notre ère. Le nom a été créé à l'époque par les maîtres de la nouvelle tendance, qui commençait alors à s'organiser ; de toute évidence, personne ne se serait donné à soi-même un nom pareil ! Mais les nouveaux maîtres considéraient leur forme de bouddhisme comme beaucoup plus large d'esprit (pour des raisons que nous allons voir tout de suite), et c'est ainsi qu'ils se sont donné le nom de Grand Véhicule. Écoutez plutôt cet extrait d'un texte mahayanique :

> Un ver luisant – ou tout autre animal lumineux – ne pense pas que sa lumière puisse illuminer le continent de Jambudvîpa [dans la cosmologie bouddhique, c'est le continent où l'homme peut rencontrer un Bouddha] – ou rayonner au-dessus de lui. De même, les auditeurs [ceux qui visaient l'idéal proposé par l'ancienne forme du bouddhisme] ne pensent pas devoir, après avoir obtenu la plénitude de l'Éveil, conduire tous les êtres au *nirvana*. Mais le soleil, lorsqu'il s'est levé, rayonne sur tout le Jambudvîpa. De même, un *bodhisattva* [idéal proposée par le Grand Véhicule], lorsqu'il a accompli les pratiques qui mènent à la plénitude de l'Éveil de la bouddhéité, conduit d'innombrables êtres au *nirvana*. (2)

Les écoles les plus anciennes, pour leur part, jugeaient que ces nouvelles positions étaient des déviations de l'enseignement originel du Bouddha, auquel elles voulaient à tout prix rester fidèles. Elles ont donc continué à proposer aux pratiquants l'idéal de l'*arhat*, le seul, affirmaient-elles, qu'ait proposé le Bouddha aux premiers disciples. Nous allons essayer de ne prendre parti ni pour les uns, ni pour les autres, ce qui est peut-être plus facile lorsqu'on n'est pas bouddhiste. Cette « neutralité » nous permettra à la fois de valoriser les choix de toutes les parties concernées et peut-être de mieux apprécier la richesse des divers courants du Grand Véhicule aussi bien que celle du bouddhisme de l'École des Anciens (dernière survivante, nous l'avons vu, du Petit Véhicule).

Mais peut-être êtes-vous en train de vous demander en quoi le Grand Véhicule peut se distinguer tellement de l'ancienne forme du bouddhisme ? Sachez d'abord que les mahayanistes ne considèrent pas forcément leur tradition comme « tardive », même si ce terme est souvent utilisé dans le monde académique. Au Japon par exemple, où j'ai fait mes études, beaucoup de maîtres disent plus volontiers qu'il s'agit d'une forme de bouddhisme « plus évoluée ». Ils parlent d'un bouddhisme « adulte », résultat du développement naturel d'un bouddhisme qui, au début, n'existait qu'à l'état embryonnaire. Le Bouddha, bien sûr, connaissait la vérité plénière offerte dans les textes du Grand Véhicule – même si ces textes ne sont apparus que cinq siècles après sa disparition. Mais, comme il était profondément conscient des limites d'une humanité complètement aveuglée par l'ignorance, il aurait prévu une période de maturation pendant laquelle les hommes pourraient se préparer peu à peu à s'ouvrir à ces « nouveaux » enseignements proposés par les grands maîtres du Grand Véhicule. En attendant, les bouddhistes vivraient selon la vérité présentée dans les textes anciens. Vous voyez combien les mahayanistes tiennent à montrer la continuité qu'il y a entre leurs enseignements et ceux des textes anciens. Et leur argumentation doit absolument être convaincante, car sinon il leur serait très difficile de se présenter comme authentiquement bouddhistes. Les efforts qu'ils ont fait pour cela expliquent en partie la taille étonnante du canon des écritures du Grand Véhicule, que j'aurais bien du mal à faire entrer dans notre appartement. En effet, la version en chinois et japonais (le canon sino-japonais) fait cent volumes de mille pages chacun !

Pour l'essentiel, les divergences entre ces deux traditions tournent autour des analyses qu'elles font du Bouddha, de la nature de son Éveil, de la voie qu'il faut suivre pour y parvenir et de la possibilité qu'a l'homme d'y arriver effectivement. Je ne pourrai qu'effleurer chacun de ces dossiers, qui ont pourtant fait couler beaucoup d'encre à travers les siècles, mais je terminerai par une très belle parabole que vous n'oublierez jamais, j'en suis sûr : c'est celle qui m'a le plus impressionné pendant mes années d'étude ! Pour chacun de ces quatre points, nous résumerons d'abord très brièvement la position hinayanique. Vous n'allez rien apprendre de nouveau mais ceci nous donnera quand même l'occasion de jeter un dernier coup d'œil sur « l'arbre bouddhique » tel qu'il s'est développé pendant ses premiers siècles d'existence et tel qu'il se présente encore dans les pays du Sud-Est asiatique. Ensuite, nous regarderons ensemble, toujours dans ses grandes lignes, la position mahayanique. Vous allez y découvrir de nouveaux aspects de la pensée bouddhique. Je vous demande de lire cela très attentivement car il y aura évidemment des passages plus difficiles. S'il y a des éléments qui vous échappent, passez au chapitre suivant. Vous y trouverez quelques images qui vous aideront à mieux garder l'ensemble en mémoire. Je vous raconterai aussi quelques histoires qui ont l'avantage de rendre digestes les analyses les plus abstraites. Vous retrouverez par exemple celles du petit moine débutant que vous aimiez tellement quand vous étiez plus jeunes. J'espère bien qu'aujourd'hui, avec une connaissance plus fine du bouddhisme, ces histoires seront encore plus parlantes.

Commençons donc par le Bouddha, tel que les textes de l'École des Anciens le présentent. Jusqu'ici, quand je parlais de lui, il s'agissait toujours du Bouddha « historique », c'est-à-dire de celui qui a vécu en Inde il y a vingt-cinq siècles. C'est ce Bouddha-là, à taille humaine pour ainsi dire, qui a trouvé la vérité libératrice et l'a partagée avec tous les êtres vivants. Il a montré la voie grâce à laquelle chacun peut échapper à la souffrance que fait peser sur lui son ignorance spirituelle. Mais, nous l'avons vu, c'est à chacun de suivre cette voie, à chacun de faire sienne l'expérience, profondément humaine, que le Bouddha a faite le premier. Le Bouddha n'est pas « divin » et le pratiquant ne doit pas attendre de lui un soutien qui dépasserait celui que n'importe quel maître spirituel peut donner à ses disciples. N'oubliez pas le dernier conseil du Bouddha : « Soyez votre propre refuge, votre propre flambeau. » Et s'il est vrai qu'au niveau populaire beaucoup de bouddhistes « prient » ce Bouddha, ceux qui se lancent sur la voie telle qu'elle est présentée dans les *sutras* et les textes concernant la discipline morale et mentale savent qu'il faut dépasser cela. Sinon il leur sera impossible de découvrir, comme le Bouddha lui-même l'a fait, la vérité inscrite dans leur expérience d'homme ou de femme. Il est alors facile de comprendre pourquoi, dans les pays où l'École des Anciens prédomine, il n'existe pas de panthéon bouddhique comparable à celui que vous avez découvert, par exemple, au Japon, où le Grand Véhicule est omniprésent.

Comment les mahayanistes, eux, voient-ils le Bouddha ? Comprenez d'abord que si les bouddhistes ont pu écrire des milliers de livres sur ce sujet (il faut visiter la bibliothèque d'une université bouddhiste au Japon pour apprécier l'ampleur du problème), je ne peux pas prétendre tout vous expliquer en quelques lignes ! Disons simplement que le Bouddha « historique », ce Bouddha à taille humaine dont je viens de parler, est considéré comme une manifestation de la nature parfaite du Bouddha. Et cette nature-là, dont on ne peut rien dire sans la trahir, est absolument illimitée. Les innombrables Bouddhas qui ont vécu et ont prêché la Loi dans le passé, qui le feront à l'avenir, ou qui le font dans les milliards de mondes parallèles au nôtre, sont eux aussi des manifestations de cette même nature de Bouddha. Les termes techniques employés pour exprimer cette distinction fondamentale sont le « Corps de métamorphose » et le « Corps de la Loi » (ou le « Corps d'essence du Bouddha »). C'est à travers le « Corps de métamorphose », celui du prince Siddhârtha par exemple, que l'homme peut approcher, pour ainsi dire, la réalité ultime du « Corps d'essence du Bouddha ». Mais cette réalité ne peut être ni l'objet de notre connaissance, ni une « personne ». En effet, si la nature ultime du Bouddha pouvait être l'objet de notre connaissance, elle cesserait d'être de l'ordre de l'absolu. Et si elle était « personnelle » elle serait conditionnée (limitée), comme nous tous, par ses relations avec d'autres personnes. Cette réflexion doit vous aider à comprendre pourquoi l'idée même du Dieu personnel de la tradition judéo-chrétienne ne pourrait jamais venir à l'esprit d'un bouddhiste. Par ailleurs, les mahayanistes ajoutent un troisième « Corps du Bouddha », ce qui ne facilite pas les choses ! Il s'agit du « Corps de jouissance » du Bouddha. Ce Corps lumineux et rayonnant se reconnaît à diverses marques (celles par exemple que l'on voit dans l'iconographie bouddhique) qui sont le fruit des actes méritoires accomplis par un Bouddha au cours de toutes ses vies antérieures. Il faut savoir que chaque école du Grand Véhicule explique ces « Trois Corps du Bouddha » différemment (il en est même qui ajoutent un quatrième « Corps » !). Mais ne vous inquiétez pas, je ne vais pas vous plonger dans ces considérations abstraites. J'ai même beaucoup hésité à vous parler de l'existence de ces Trois Corps, mais je ne vois vraiment pas comment vous pourriez commencer même à saisir la différence entre le Grand Véhicule et le Petit Véhicule sans avoir une idée de ces distinctions. À la fin du chapitre, la parabole vous aidera ! Pour nous, l'essentiel est cette distinction qui existe entre le Bouddha « historique » et la « nature » du Bouddha, dont il est une manifestation pour l'homme. Pour le reste, si cela vous intéresse, vous pourrez lire quelques-uns des livres mentionnés dans la bibliographie.

Le deuxième point de divergence entre les deux Véhicules concerne l'Éveil du Bouddha, et par voie de conséquence l'Éveil promis à ceux qui suivent son enseignement. Dans l'École des Anciens, cet Éveil, c'est la connaissance authentique des Quatre Nobles Vérités et de tout ce qui en découle. C'est la libération définitive du monde du *samsara* et donc de tout ce qui empêche l'homme d'être heureux. C'est la paix intérieure de celui qui voit les choses telles qu'elles sont (impermanentes, sans existence propre... – retournez plus haut si vous avez oublié le sens de ces termes) et qui n'attache plus d'importance à son soi illusoire. Toutes ces vérités sont accessibles à l'homme intelligent, comme l'explique le Bouddha à ses disciples dans un ancien texte où, après avoir donné un enseignement sur le cœur de l'expérience bouddhique, le Maître leur dit ceci : « Bien, ô moines ! Vous avez été instruits par moi avec cette doctrine sans commencement et sans fin [hors du temps], qui peut être réalisée et vérifiée, qui amène au but, et qui peut être comprise individuellement par ceux qui sont intelligents. » Cet Éveil-là convient donc parfaitement bien au Bouddha à taille humaine dont nous venons de parler et tout être humain, s'il est intelligent, peut l'atteindre. Cela dit, il semble qu'en réalité très peu d'hommes aient été à la hauteur de la tâche. Mais cela ne change pas le principe. Il y a beaucoup de choses, en science par exemple, que vous et moi ne comprenons pas du tout, et ne comprendrons sans doute jamais : la physique quantique, les mathématiques, la biochimie... et je pourrais malheureusement continuer longtemps ! Mais tout cela reste accessible à l'intelligence humaine. De même, la vérité spirituelle découverte par le Bouddha reste accessible à l'homme, même si elle dépasse parfois les êtres enfoncés dans leur ignorance spirituelle. Si un individu n'a pas la disposition nécessaire pour faire l'expérience de la vérité dans cette vie, il peut espérer y arriver dans une prochaine existence.

Or, pour le Grand Véhicule, nous venons de le voir, le Bouddha « historique » n'est qu'une manifestation du « Corps de la Loi », de l'essence de la bouddhéité. Il s'agit là de la nature du Bouddha qui dépasse les limites qui sont celles de l'homme dans son individualité. Nous avons vu aussi qu'il était impossible de décrire cette nature fondamentale du Bouddha. Cela laisse entendre qu'elle est « transcendante » en quelque sorte, bien que ce mot risque d'être trompeur car il est trop lié à l'idée d'un Dieu personnel tel qu'il est conçu dans les grands monothéismes. De toute façon, une fois qu'un bouddhiste regarde le Bouddha dans cette perspective, il entend évidemment d'une autre manière les anciens textes qui concernent l'expérience d'Éveil. En effet, si la nature profonde du Bouddha n'était pas « à taille humaine », son Éveil ne pouvait pas l'être non plus. Il devait largement dépasser la connaissance des Quatre Nobles Vérités… pour devenir connaissance directe et totale du mystère de l'existence même, et donc de tous les aspects de la réalité. La sagesse ancienne devait alors être remplacée par une sagesse infiniment plus vaste, qui prenne en compte toutes les conséquences pour l'homme de ce nouvel enseignement (j'y reviendrai plus loin).

Le troisième divergence entre le Grand Véhicule et le Petit Véhicule concerne la voie que chacun d'eux propose à ceux qui veulent suivre le Bouddha. Je vais vraiment simplifier les choses ici en vous donnant une image qui vous parlera certainement, à vous qui aimez tellement visiter votre deuxième pays pendant les vacances. Sans me prononcer ni sur la valeur relative des moyens de transport aériens ou ferroviaires, ni sur la destination que je viens d'évoquer, je peux dire simplement qu'il n'est pas possible de se rendre aux États-Unis en train ! De même, quelqu'un qui s'investit totalement dans la voie proposée par l'École des Anciens (la Voie de l'*arhat*) ne peut pas arriver à l'Éveil tel qu'il est envisagé dans la tradition du Grand Véhicule. Il doit suivre une autre voie. Les mahayanistes proposent la Voie du *bodhisattva*. C'est la voie que le Bouddha lui-même avait choisie tout au début de sa carrière spirituelle et que j'ai évoquée plus haut, au chapitre 3. Cette voie n'était donc pas inconnue aux maîtres de l'École des Anciens. Mais, pour eux, elle était réservée en quelque sorte aux rares individus qui, comme le Bouddha « historique », étaient capables de la suivre réellement. Il était donc impensable de proposer cette voie à tout le monde. Et c'est pourtant exactement ce que fait le Grand Véhicule !

Vous vous demandez peut-être comment les maîtres mahayanistes s'y sont pris ! Ils voulaient ouvrir la voie bouddhique au plus grand nombre alors qu'elle était devenue, selon leur propre analyse, trop élitiste, à cause de sa difficulté même. Et voilà qu'ils proposent, eux, un idéal encore plus difficile à réaliser, celui du *bodhisattva*. Les maîtres de l'École des Anciens n'avaient pas osé aller si loin. Pour eux, l'idéal de l'*arhat* correspondait à la fois aux besoins des hommes et à leurs capacités spirituelles. Ils se laissaient guider sans doute par la parole que le Bouddha leur avait dite le jour où il avait pris quatre feuilles dans sa main : il leur avait demandé où se trouvait le plus grand nombre de feuilles – dans sa main ou sous les arbres du bosquet qui était derrière lui ? Les disciples ont évidemment répondu qu'il y en avait davantage sur les arbres. Le Bouddha leur a expliqué alors que les innombrables feuilles des arbres correspondaient à la véritable connaissance d'un Bouddha, les quatre feuilles correspondant, elles, à ce qui était nécessaire et suffisant pour que ses disciples se libèrent du monde du *samsara*. Conclusion : pas question de modifier la Voie ou d'envisager un Éveil plus large. Les mahayanistes, peut-être en réfléchissant aux mêmes paroles, y ont vu, eux, une invitation à aller plus loin et à faire leur la connaissance suprême du Bouddha. Vous avez là un exemple de la manière différente qu'il peut y avoir de comprendre une même parole du Bouddha !

Le problème que je viens d'évoquer nous plonge au cœur du quatrième point sur lequel le

Petit Véhicule et le Grand Véhicule ont du mal à se mettre d'accord. Qui en effet peut réellement espérer arriver à l'Éveil ? La Voie de l'*arhat* n'a pas été conçue pour ce qu'on appelle l'homme du commun. Cet « homme du commun » (terme technique dans le bouddhisme) désigne les femmes et les hommes, comme vous ou comme moi, qui ne sont pas capables de canaliser toutes leurs énergies dans le seul but de s'éveiller à la vérité. C'était en effet une voie très difficile, très austère, et relativement peu d'individus pouvaient s'y engager pleinement, bien que tous aient pu s'y associer, d'où la place mentionnée plus haut des laïcs dans les pays où l'École des Anciens s'était répandue.

Dans le Grand Véhicule, du moins dans ses formes les plus développées, on considère que tout le monde non seulement peut mais va arriver à l'Éveil suprême. Chacun est donc invité à se lancer sur la Voie du *bodhisattva* en prononçant quatre vœux : celui de sauver tous les êtres vivants, aussi nombreux soient-ils ; celui d'arracher toutes les passions mauvaises, aussi innombrables soient-elles ; celui de connaître tous les enseignements du Bouddha, aussi inépuisables soient-ils ; et celui d'atteindre l'Éveil suprême. Mais, pour en revenir au problème soulevé plus haut, comment les mahayanistes ont-ils pu imaginer que, en proposant une voie si exigeante, ils ouvriraient la Voie au plus grand nombre, y compris aux « hommes du commun » qui étaient incapables de suivre même la Voie de l'*arhat* ? C'est que pour les mahayanistes, il s'agit là d'une fausse question. Ils prétendent que tout être vivant peut et va atteindre l'Éveil suprême, parce que tout être vivant participe à la nature de Bouddha. Cet Éveil n'est pour le pratiquant que la pleine conscience de ce qu'il a toujours été au fond de lui-même. Autrement dit, il s'agit pour l'homme de découvrir que sa nature profonde n'est pas autre que l'essence de la bouddhéité, ce « Corps de la Loi » dont on ne peut parler. La véritable cause de l'Éveil n'est plus la longue pratique d'une discipline morale et mentale comme dans la Voie de l'*arhat* ; c'est plutôt la dynamique de cette « nature de Bouddha » qui brillera de tout son éclat une fois que l'homme la retrouvera. Et les pratiques des diverses écoles mahayaniques sont toutes destinées à dissiper l'ignorance qui cache cette vérité fondamentale. On trouve là les bases de l'universalité du bouddhisme du Grand Véhicule qui ne peut exclure personne tout simplement parce que le germe de la bouddhéité est présent en chacun.

« Pas facile, tout cela ! » direz-vous. Vous avez raison. Et les bouddhistes le savent bien. C'est pourquoi l'un des *sutras* les plus vénérés en Extrême-Orient présente tout ce que nous venons de voir sous forme de parabole. Il s'agit du *Sutra du Lotus*, un texte du Grand Véhicule dont l'origine remonte sans doute au IIIe siècle de notre ère. Bien évidemment, ce texte présente la position mahayanique. Mais là n'est pas l'important. Il nous faut simplement mieux comprendre comment ce nouveau courant de pensée se situe par rapport à la Voie de l'*arhat*.

La parabole raconte l'histoire d'un jeune homme qui quitte son père et part dans un autre pays. Or, le temps passant, sa situation se dégrade et il se retrouve bientôt dans la misère, sans plus rien ni pour se vêtir, ni pour se nourrir. Il erre dans toutes les directions à la recherche d'une solution et se retrouve finalement dans son pays d'origine.

Son père, qui le cherche depuis le jour de son départ, s'est installé dans une ville du pays. Il est devenu très riche et le montant de sa fortune est absolument incalculable. Pourtant, il regrette toujours la perte de son fils et ne rêve que de le retrouver pour lui donner tout ce qu'il possède.

Le fils arrive un jour dans la ville où réside son père ; il le voit de loin, mais sans du tout le reconnaître. D'ailleurs sa richesse l'impressionne tellement qu'il s'enfuit, car il est certain qu'un homme de ce rang ne pourra jamais lui donner de travail, à lui, le miséreux.

Le père, pourtant, l'a reconnu et se réjouit : enfin, il va pouvoir combler celui qu'il attend depuis si longtemps ! Il envoie donc ses serviteurs à sa poursuite afin qu'ils le rattrapent et le ramènent près de lui. Mais le fils, qui ne comprend rien à tout cela, est terrifié et finit par s'évanouir. Le père alors, ordonne à ses serviteurs de le laisser tranquille. Lorsqu'il revient à lui, le fils comprend qu'il est libre et s'en va jusque dans un village où il espère trouver un peu de nourriture.

Le père n'a pas abandonné tout espoir et il a un plan : il envoie deux serviteurs mal habillés qui l'invitent gentiment à venir travailler avec eux pour un salaire simplement deux fois plus élevé que ce qu'il reçoit d'habitude. Comme il s'agit d'un travail très humble, il accepte. En le voyant, son père est saisi de compassion et il se couvre de haillons et de poussière pour l'approcher sans l'effrayer. Un peu plus tard, il lui demande de rester chez lui car il a besoin d'un serviteur fidèle. Puis, plus tard encore, il lui dit qu'il serait heureux de le considérer comme son fils ; il lui donne même son nom. Mais le fils se considère toujours comme un simple ouvrier. Pourtant, le temps passe et la confiance s'établit peu à peu entre les deux hommes.

Un jour, le père tombe malade et il demande à son fils de gérer ses affaires. Ce dernier accepte, mais il reste convaincu de son état d'infériorité. Les rapports entre le père et le fils deviennent cependant de plus en plus intimes jusqu'au jour où, enfin, le père peut dire à son enfant toute la vérité, et cela devant tout le monde. Le fils, qui maintenant est prêt à entendre ces paroles, accepte cette vérité inattendue et peut s'émerveiller de découvrir les trésors incalculables qui lui appartiennent sans même qu'il les ait recherchés !

Voilà donc « la parabole du fils prodigue » bouddhique ! Mais faites attention à ne pas la lire au travers de vos « lunettes » chrétiennes, car cette parabole n'est pas destinée à dire une parole sur Dieu ou sur le pardon, puisque, vous vous en souvenez, il n'y a pas de place dans la tradition bouddhique pour un Dieu personnel. Le *Sutra du Lotus* souligne en réalité le fait que la véritable nature de tout être vivant est la nature même du Bouddha. Le problème, c'est que l'homme n'en est pas conscient et qu'il ne cherche pas son bonheur dans la bonne direction. Et puis, il se satisfait souvent de si peu de choses ! Il est très rarement capable d'accueillir la vérité dans sa plénitude; alors, « il fuit l'homme riche qui lui fait peur ».

Mais la compassion bouddhique met en œuvre toutes sortes de stratégies puisées dans le merveilleux talent pédagogique du Bouddha, et des maîtres bouddhistes après lui, pour aider l'homme à cheminer au long des siècles, à son rythme, vers la compréhension de cette vérité : sa nature profonde est celle-là même du Bouddha, elle n'est pas « autre ». Nous touchons ici à la profondeur de l'expérience bouddhique de la non-dualité. Elle est difficile à comprendre. Est-il d'ailleurs question de comprendre ? Il s'agit plutôt d'une sagesse, d'une vérité, dont il faut faire l'expérience directe. Aussi longtemps en effet que nous « parlons de » ou que nous « pensons à » cette nature profonde, nous sommes à côté de sa réalité.

Vous êtes perplexes, un peu perdues ? C'est sans doute bien normal mais les quelques histoires du chapitre suivant vous aideront peut-être à clarifier tout cela.

Notes

(1) Ce passage, tiré du *Sermon de la Grande Extinction complète*, est cité par André Bareau dans son livre *En suivant Bouddha*, Philippe Lebaud, Paris, 1985, p. 264.

(2) Cette traduction est basée sur la traduction anglaise d'un passage du *Sutra de la sagesse dont la lumière se répand dans toutes les directions* qui se trouve dans *Buddhist Texts, Through the Ages*, édité par Edward Conze, I. B. Horner, Davis Snellgrove et Arthur Waley (New York et Evanston, Harper and Row Publishers, 1964), p. 119.

8

La forêt revisitée

J'espère que la parabole bouddhique du « fils prodigue » vous a aidées à mieux comprendre comment le Grand Véhicule se situe par rapport au Petit Véhicule. D'une part, il est essentiel de saisir que cette « nouvelle » forme de bouddhisme ne s'oppose pas vraiment à tout ce qui l'a précédée, mais que l'ancienne tradition y est considérée au contraire comme une sorte de préparation à l'acceptation de la vérité plénière. D'autre part, il faut comprendre que les différentes écoles du Grand Véhicule que l'on rencontre dans les pays d'Extrême-Orient, mais aussi en France, répondent, chacune à leur manière, aux demandes très diverses des hommes et des femmes qui se mettent en quête de leur nature fondamentale, cette « nature de Bouddha » que le fils de la parabole du *Sutra du Lotus* a découverte. Il est évidemment impossible d'aborder ici toutes ces écoles, pour des raisons que nous avons déjà vues au début du livre, quand je vous ai présenté l'« arbre bouddhique ». Mais rappelez-vous que ces écoles se fondent sur la conviction partagée que, s'agissant de la vérité ultime, tout être vivant est Bouddha et que chacun est appelé à réaliser cette nature : là sont, en effet, la sagesse libératrice et l'Éveil suprême. Les différences entre les écoles viennent, je le répète, des moyens très divers qui sont proposés et jugés, selon elles, plus ou moins efficaces, plus ou moins rapides, etc. Et le maître qui met ces moyens à la disposition des chercheurs de la vérité pratique en réalité la plus haute forme de compassion.

Comment dire plus clairement ce que sont la sagesse et la compassion ? Comment ces deux vertus sont-elles vécues à l'intérieur du Grand Véhicule ? Pour vous aider à mieux entrer dans la cohérence de cette voie et à mieux comprendre comment ces deux vertus se conjuguent, je voudrais d'abord vous proposer une image qui sera un point de repère tout au long de notre réflexion.

Je suis né et j'ai été élevé à Chicago, au centre du continent nord-américain ; c'est donc seulement à vingt ans que j'ai vu la mer pour la première fois. C'est peut-être ce qui explique mon étonnement quand, en France, j'entends parler d'hommes et de femmes qui traversent, seuls, les océans du monde dans des bateaux qui me semblent très très petits ! Quand, dans des reportages à la télévision, je vois la mer déchaînée, prête à les engloutir à chaque instant, je suis très content d'avoir les pieds sur la terre ferme. Si je téléphonais (tout est possible avec les portables !) à ceux qui se battent contre les vagues pour leur dire de ne pas trop se faire de souci, puisque après tout l'océan est UN et que les vagues n'ont pas d'existence propre, que feraient-ils à votre avis ? J'imagine qu'ils m'inviteraient à les rejoindre sur leur bateau. Alors, je ferais l'expérience de l'existence réelle de ces vagues et je commencerais probablement à les compter l'une après l'autre en attendant la fin ! De toute façon, il est certain que je changerais très rapidement de discours sur l'unité de l'océan. Pourtant, j'ai aussi d'autres amis qui ont travaillé, eux, dans les sous-marins atomiques de la marine américaine. Ils m'ont toujours dit que même lorsque la mer est déchaînée, si l'on descend dans les profondeurs, on fait cette expérience de l'océan UN. Le calme y est total. Dans le même océan, à quelques centaines de mètres seulement, le skipper du petit voilier et l'équipage du sous-marin font donc deux expériences totalement différentes de ce qu'est la réalité.

Pour résumer en quelques lignes seulement des dizaines de milliers de pages de textes bouddhiques, disons que la surface de l'océan correspond à ce que nous pourrions appeler le niveau de la conscience superficielle. Là, chacun risque d'être constamment bousculé et menacé par les « vagues », c'est-à-dire par d'autres individus, par des conflits avec les autres, par des passions perturbatrices… Toutes ces choses deviennent alors source de souffrance pour l'individu, soit qu'il s'y attache, soit qu'il veuille y échapper sans savoir comment faire. Les profondeurs de l'océan correspondent, elles, au niveau de la conscience profonde, celui de la « conscience immaculée », pour utiliser un terme bouddhique. À ce niveau-là, toute distinction entre sujet et objet, ou entre sujet et sujet, disparaît. Là se vit l'expérience directe de la « nature de Bouddha » ou de l'« essence de la bouddhéité », dont nous avons parlé au chapitre précédent. Celui qui en fait l'expérience se rend compte de la relativité de tout ce qui le perturbe au niveau de la conscience superficielle. Vous voyez qu'il s'agit de faire la différence entre le niveau de la vérité relative et celui de la vérité plénière (ou absolue), entre l'expérience de la souffrance qui vient de l'attachement aux choses, à soi-même, aux autres… et l'expérience libératrice de la vacuité de toutes choses. Enfin, pour en revenir une fois de plus à la parabole du fils prodigue, il s'agit de saisir l'extraordinaire différence qu'il y a entre la conscience qu'avait le fils de ce que pouvait être la vie et le bonheur avant de découvrir sa véritable condition, et celle qu'il a pu en avoir après l'avoir fait, ou encore entre la situation qui était la sienne avant d'avoir compris, dans la sagesse, que sa nature fondamentale n'était autre que celle du Bouddha et celle dont il a fait l'expérience après l'avoir compris.

Si cette image de la surface et des profondeurs de l'océan vous aide à mieux comprendre ce qu'est la sagesse pour les diverses écoles du Grand Véhicule, je peux déjà imaginer la question qui doit trotter dans vos têtes : la compassion a-t-elle encore une place ? En effet, si la distinction entre soi-même et autrui disparaît au niveau de la vérité plénière (ou de la conscience profonde), d'où peut bien venir l'urgence de pratiquer la compassion ? Après tout, chaque individu ne peut le faire que vis-à-vis d'autres individus. Nous nous trouvons là devant une question semblable à celle qui se pose à propos du lien entre la sagesse et la compassion dans le bouddhisme ancien. La compassion, dans ce contexte-là, est le reflet de la sagesse, qui révèle l'interdépendance de toutes choses (autre manière de dire la relativité de toutes choses). Selon l'ancienne école en effet, ce qui arrive à quiconque en ce monde m'arrive aussi à moi. Sinon, cela signifierait que l'existence de chaque individu est totalement indépendante de celle des autres, ce qui est une erreur fondamentale.

Il est donc impossible de vivre dans la sagesse sans pratiquer la compassion. Dans le cadre du Grand Véhicule, la sagesse et la compassion se conjuguent de la même manière – elles ne peuvent exister l'une sans l'autre.

Tout cela n'est pas facile à saisir. Je vais donc vous rappeler une histoire qui vous faisait rire quand vous étiez petites, mais dont vous ne pouviez pas vraiment comprendre le sens profond. Souvenez-vous : l'histoire se passe dans un monastère bouddhiste zen (mais cela vaut pour l'ensemble des écoles du Grand Véhicule).

Essayez d'imaginer un maître, assis dans la salle où il reçoit les moines lors des entretiens réguliers qui doivent les aider à avancer sur leur chemin intérieur. Ce maître, comme tout grand maître bouddhiste, est extrêmement doué et, d'une seule question, il peut sonder la profondeur de l'expérience de ceux qui se rendent chez lui. Un jour, un novice, très sûr de lui, se dirige avec beaucoup d'enthousiasme vers cette salle pour sa première rencontre avec le maître. Le maître le voit approcher et note qu'il marche un peu rapidement. Il constate aussi qu'il expédie ses prosternations (ces prosternations devant le maître sont des signes de respect pour l'Éveil du maître et non pour sa personne). Alors il regarde le novice droit dans les yeux, lui montre la montagne que l'on voit à travers la fenêtre, et lui demande solennellement : « Que vois-tu ? » Le novice regarde et répond sans hésiter : « Je vois une montagne. » Le maître hurle et lui dit qu'il n'y a pas de place dans son monastère pour quelqu'un d'aussi peu doué ! Imaginez le pauvre novice ! Il est sous le choc et sort de la salle complètement bouleversé. Heureusement, d'autres moines (des formateurs, dirons-nous) l'attendent à la sortie et le prennent en charge. Ils l'initient aux textes fondamentaux des diverses écoles et aux pratiques nécessaires pour descendre aux niveaux les plus profonds de la conscience. Finalement, le novice fait l'expérience directe de la vacuité (terme qui correspond à d'autres que nous avons déjà vus : nature de Bouddha, niveau de la conscience immaculée, essence de la bouddhéité, non-dualité, etc.).

Notre nouvel « illuminé » est très fier de lui-même, mais c'est assez mauvais signe dans le bouddhisme ! Il va enfin pouvoir dire au maître qu'il a tout compris. Il se précipite donc vers la salle d'entretien pour remettre les pendules à l'heure ! Le maître, toujours attentif à ce qui se passe autour de lui, l'aperçoit sur le chemin. Il remarque la détermination avec laquelle il marche, son attitude orgueilleuse et, encore une fois, sa manière trop rapide de faire ses prosternations, comme s'il ne s'agissait que d'un rite dont il fallait se débarrasser au plus vite pour pouvoir en arriver à des choses plus importantes. Alors le maître le regarde dans les yeux. De nouveau, il lui montre la montagne et lui demande « Que vois-tu ? » Réponse : « J'étais si bête lors de notre première rencontre ! Je vous ai dit que je voyais une montagne. Maintenant je comprends qu'il s'agit là d'une manière très superficielle de regarder les choses. Depuis j'ai compris, à la lumière des textes du Grand Véhicule, et grâce à mes pratiques, qu'au niveau de la vérité ultime cette montagne n'a pas d'existence propre et que toute distinction que je pourrais faire entre elle et moi-même, ou entre vous et moi d'ailleurs, ne pouvait être que relative. J'ai fait l'expérience de la vacuité et… … … » « Arrête ! Arrête ! crie le maître avec une colère plutôt déconcertante. Tu es pire aujourd'hui qu'avant ! Sors tout de suite d'ici ! Je ne veux plus te voir ! Tu n'auras jamais de place chez nous ! Sors ! Sors ! » Cette fois le novice est complètement cassé. À nouveau, les autres moines, qui sont eux aussi de vrais maîtres, le retrouvent à la sortie et le convainquent de tout reprendre à zéro. Il passe alors des années à mettre en pratique tous les conseils qu'ils lui donnent. Et enfin il fait de nouveau l'expérience de la vacuité, de sa nature fondamentale.

Cette fois, il ne pense même pas à aller voir le maître pour lui montrer qu'il a fait cette expérience. Mais, un jour, il lui faut quand même aller rendre compte de ses progrès. Le maître, en le voyant, comprend que quelque chose d'important s'est passé. Sa manière même de marcher le montre. Ses prosternations aussi reflètent un calme intérieur extraordinaire. De nouveau, le maître le regarde droit dans les yeux, lui montre la montagne et demande : « Que vois-tu ? » Le novice répond calmement : « Je vois une montagne. » Réponse du maître : « Ah ! Enfin tu as compris ! Sois le bienvenu chez nous ! »

Si vous avez saisi le sens de cette histoire, vous avez compris l'essentiel ! Vous l'avez sans doute compris : lorsque, la première fois, le novice a dit qu'il voyait une montagne, il parlait du point de vue de la conscience superficielle. Le maître savait bien qu'il ne pourrait pas aller très loin ainsi. Il l'a donc bousculé en criant pour lui montrer à quel point il était à côté de la réalité. Très rude, me direz-vous ! Mais pour le maître qui voulait conduire le novice à l'expérience de l'Éveil, cette approche était la manière la plus efficace de pratiquer la vraie compassion.

Pourquoi a-t-il interrompu le novice alors que ce dernier lui parlait de son expérience de la vacuité et lui donnait une explication qui, après tout, ne semblait pas si mauvaise ? Pourquoi lui a-t-il dit qu'il était dans un état encore pire que celui dans lequel il était au début de sa démarche ? C'est que le novice était tombé dans le pire des pièges qui guettent l'homme sur la voie bouddhique : il avait fait l'expérience de la vacuité, mais il s'était senti si bien dans cette expérience qu'il s'y était attaché. Il avait oublié que la vérité, dont nous faisons tous et tous les jours l'expérience, pour relative qu'elle soit, n'en est pas moins réelle. On ne peut pas l'ignorer. Or, dans la tradition du Grand Véhicule, la vacuité est le moyen par lequel l'homme peut arriver à se détacher de tout. S'il s'attache à la vacuité, il se trouve dans une situation très périlleuse. En effet, à quoi ferait-il appel pour l'aider à se détacher de la vacuité alors que seule la vacuité elle-même peut lui permettre d'y parvenir ? Voilà sans doute pourquoi le Bouddha lui-même a expliqué que l'attachement à la vacuité était pire encore que l'attachement à la notion de soi. On comprend alors la force avec laquelle le maître a réagi. Et le fait que le novice ait été brisé ne doit pas être interprété en dehors du contexte bouddhique. Car de toute façon, sur le chemin qui mène à l'Éveil, il y a un soi qui doit mourir (cela vous rappellera sans doute quelques paroles de l'Évangile, où le Christ dit aussi que « si le grain de blé ne tombe en terre et ne meurt, il reste seul ; s'il meurt, il porte beaucoup de fruit »). Il y a là une continuité réelle avec la sagesse ancienne et la doctrine de la vacuité du soi.

Quant à la troisième rencontre du novice avec son maître, comment expliquer que sa réponse, qui était pourtant semblable à la première, ait été si bien accueillie ? C'est qu'il a montré, par son *attitude*, qu'il avait compris que la véritable Voie est un va-et-vient constant entre la vie au niveau de la vérité relative que tous les hommes connaissent – la vie de tous les jours, celle où nous constatons les distinctions entre les phénomènes et entre les individus – et la vérité ultime, celle de la vacuité ou de la non-dualité, où toute distinction entre les êtres est totalement relativisée. Son expérience de la sagesse lui permet de « revenir » au monde où il peut alors pratiquer la compassion en aidant les autres à mieux voir la relativité de tout ce à quoi ils attachent tant d'importance. Ainsi conjugue-t-on sagesse et compassion dans le Grand Véhicule. L'homme « éveillé » vit un équilibre extraordinaire entre ces deux vertus. C'est un peu comme un avion : il vole superbement quand les deux ailes fonctionnent, mais si l'une ou l'autre se brise, il s'écrase. Dans le bouddhisme, si la compassion est isolée de la sagesse, ou la sagesse de la compassion, il devient impossible d'avancer sur la Voie. L'individu risque même de retomber en arrière par orgueil (tel le novice trop content de son expérience de la vacuité) ou par attachement à ceux envers qui il doit pratiquer la compassion.

Tout ce que nous venons de voir vous permettra de mieux « comprendre » comment un bouddhiste peut vivre de manière créatrice et compatissante dans ce monde. Pourtant, la sagesse bouddhique est si liée à l'expérience de la vacuité qu'elle peut sembler, surtout pour les Occidentaux, « vider » le monde de son « sens ». Certains pensent même que le bouddhisme ouvre sur le « néant », ce qu'il ne fait absolument pas en réalité. En effet, la vacuité est au-delà de toute affirmation : dire que quelque chose ou quelqu'un « est » ou « n'est pas » est également inacceptable. La vacuité échappe totalement à la manière habituelle de penser. Elle fait voler en éclats deux idées fondamentales : celle de l'existence en l'homme d'un « soi permanent » qui serait préservé des changements (le bouddhisme dit « ancien » l'a déjà montré, et le Grand Véhicule abonde dans le même sens) ; et celle de la réalité réduite au niveau de la vérité relative ou conventionnelle (cela constitue l'ignorance dans le Grand Véhicule). Briser ces deux idées, c'est, selon le bouddhisme, rendre un véritable service au monde. C'est, en fait, ouvrir l'unique voie qui puisse conduire à la libération. Encore faut-il savoir comment arriver au bout du chemin…

Pour répondre à cette question, je me limiterai à quelques remarques sur les tendances les plus importantes du Grand Véhicule, puisqu'il ne s'agit pas ici de vous proposer un « traité » sur chacune des diverses écoles. Je reviendrai sur certaines réflexions faites dans le premier chapitre à propos de la présence du bouddhisme en France. Ainsi nous aurons, en quelque sorte, bouclé la boucle avant d'examiner, dans le dernier chapitre, les raisons pour lesquelles tant de Français s'intéressent au bouddhisme aujourd'hui.

Il y a d'abord la tendance « sapientielle », c'est-à-dire tournée vers la recherche de la sagesse. Ce n'est pas une école indépendante car, au sein de toutes les écoles, il existe des pratiques qui conviennent aux individus studieux, amoureux des textes, aimant analyser le monde, le phénomène humain, pour finalement arriver à « comprendre » ce que peut être la vacuité. Je mets le mot comprendre entre guillemets, car il est évident que cette vacuité ne peut jamais être objet de connaissance. N'oubliez pas que la moindre distinction faite entre vous, par exemple, et l'objet de votre connaissance, ou entre vous et moi, vous enferme au niveau de la vérité relative. Dans ce cas, que peut bien vouloir dire « comprendre » la vacuité ? Les limites du langage sont claires. Parler de la vacuité, c'est se situer en dehors de la vacuité. La meilleure chose à faire est-elle donc de se taire ? Figurez-vous que c'est exactement ce que conseillent certaines écoles ! À ce propos, je pense toujours à l'histoire de Vimalakirti, un des grands héros de cette tendance sapientielle. Lors d'une sorte de concours destiné à déterminer qui était le plus sage, on posa la question suivante à de nombreux grands *bodhisattvas* (ces êtres voués à l'Éveil suprême, vous vous rappelez ?) : « Qu'est-ce que la vacuité ? » L'un après l'autre, ces *bodhisattvas* donnèrent des réponses extraordinaires, mais finalement c'est Vimalakirti, un laïc, qui l'emporta. Quelle fut donc sa réponse ? Le silence ! Il montrait ainsi qu'il avait compris que la vacuité échappait nécessairement à la parole. Cependant, il existe des textes sur la vacuité extrêmement longs. Mais ces *sutras* ne cessent, au long des pages, de dire ce que la vacuité n'est pas, afin d'en souligner la réalité ineffable. En les lisant et en les méditant, le pratiquant peut arriver à comprendre ce que la vacuité ne peut pas être, et cela le prépare à faire l'expérience directe de ce qu'elle est.

Si vous pensez que tout cela est bien compliqué, c'est peut-être parce que vous n'êtes pas disposées à faire ce genre d'exercice. Et vous n'êtes pas les seules ! C'est pourquoi il existe d'autres moyens d'arriver à la même expérience. Le zen, par exemple, offre aux pratiquants la possibilité de la faire sans passer par l'étude fastidieuse des textes (et pourtant les maîtres zen que j'ai rencontrés au Japon connaissent très bien l'ensemble de la littérature du Grand Véhicule). Dans le zen, le silence est primordial. En se mettant dans la position assise *(zazen)* qu'avait prise le Bouddha lui-même lors de son expérience d'Éveil, le pratiquant peut faire l'expérience de sa propre nature de Bouddha. Dans la tradition zen, cette expérience s'appelle le *satori*. Mais attention : souvent, on traduit *zazen* par « méditation assise ». Or vous voyez bien qu'il ne peut pas s'agir d'une méditation à proprement parler, puisque quiconque médite médite sur quelque chose. Il se met ainsi dans l'impossibilité de faire l'expérience de la vacuité, qui ne peut en aucun cas être l'objet d'une méditation. Il faut donc simplement se mettre dans cette position, dans cette assise, sans avoir rien en tête. Il faut même, si possible, s'asseoir sans aucun but (car avoir un but, c'est une fois de plus créer une distinction entre sujet et objet, entre présent et futur, ce qui est foncièrement incompatible avec l'expérience directe de la vacuité !). Certes, des pensées arriveront à l'esprit, mais il ne faut pas leur accorder plus d'attention qu'elles n'en méritent. Elles sont comme les nuages qui passent dans le ciel et se dissipent. Une fois qu'elles disparaissent, tout devient clair.

Dans mes cours sur le Japon, les étudiants me posent parfois la même question que vous à propos du zen : « Comment a-t-il pu être associé aux arts martiaux, alors que le premier précepte du bouddhisme dit clairement qu'il ne faut pas tuer ? N'y a-t-il pas là une contradiction totale ? » Il y a deux réponses à cette question. La première, qu'on entend souvent, c'est que, dans la pratique du zen et des arts martiaux, « l'ennemi à abattre » c'est tout simplement soi-même, ou plutôt le soi illusoire auquel chacun attache tant d'importance et qui le plonge dans un comportement égocentrique ; ce soi-là doit « mourir ». Lors de l'unification du Japon, au XVIIe siècle, il fut interdit aux samouraïs, grands guerriers s'il en fut, de porter leurs sabres et de s'engager dans des combats mortels avec leurs ennemis, réels ou imaginaires. Ils ont donc concentré à cette époque-là toute leur énergie sur la lutte intérieure, sur la maîtrise de soi. Et ils ont découvert que l'un des outils les plus efficaces, dans cette lutte, était la position assise de la pratique zen. Il n'y avait donc plus désormais de contradiction ! La deuxième réponse est un peu plus nuancée, car en réalité les choses ne sont pas si simples.

Il faut savoir que le zen, en tant qu'école bouddhiste indépendante, a été introduit au Japon par deux moines japonais, Eisai (1141-1215) et Dôgen (1200-1252), qui l'avaient découvert, sous des formes différentes, lors de leurs séjours respectifs en Chine. Le zen a tout de suite été bien accueilli par les militaires, et c'est ce qui lui a garanti un succès extraordinaire qui a duré pendant des siècles. Pour comprendre cet accueil, il faut savoir d'abord que le zen exigeait une discipline très rigoureuse, ce qui intéressait ces hommes dont la vie entière était bâtie sur la discipline. Ensuite, on y trouvait un certain mépris des textes écrits. Cette position ne pouvait que trouver un écho favorable chez ces hommes de guerre fort peu attirés par l'étude. Ajoutons à cela des raisons politiques : le pouvoir militaire avait besoin du soutien d'une tradition bouddhique, comme tous les gouvernements qui l'avaient précédé. Mais les écoles déjà implantées dans le pays avaient leurs propres armées de moines guerriers qui, à maintes reprises dans le passé, avaient abusé de leur pouvoir pour menacer le gouvernement. La tradition zen, toute nouvelle, avait le grand avantage de ne pas avoir encore accumulé de richesses qu'il faille protéger. Il n'y avait donc pas d'armée de moines guerriers zen. Cette « alliance » entre le pouvoir militaire et le zen représentait ainsi une continuité réelle avec le passé, mais c'était une « alliance » qui ne pouvait pas se retourner contre le gouvernement. Enfin, il y avait l'utilité incontestable de la pratique du zen dans le métier militaire. Car une fois qu'il a atteint l'unité de l'esprit et du corps, une fois qu'il s'est détaché de tout et s'est libéré de toute passion inutile, un guerrier devient quasi invincible. Même la peur de la mort disparaît. Voyez-vous mieux maintenant comment le lien a pu se créer entre la pratique des arts martiaux et la pratique du zen ?

Voici une petite histoire que j'ai entendue au Japon et qui illustre bien ce lien tout en soulignant l'utilité du zen pour un guerrier. Vous allez l'aimer, car il s'agit une fois de plus d'un petit novice, un peu perdu dans ce monde de sagesse et de discipline. Il est choisi par son maître pour porter un pli et le remettre en main propre à un autre grand maître qui vit dans la capitale. Arrivé aux abords de la ville, il doit traverser un pont pour y pénétrer. Mais sur ce pont se tient un samouraï, expert dans l'art du sabre ; auprès de lui gisent quatre-vingt-dix-neuf cadavres. Pour montrer sa force et son invincibilité, et prouver ainsi qu'il est le plus grand guerrier du pays, ce samouraï a fait le vœu de provoquer en duel les cent premiers hommes qui traverseraient le pont. Or, le novice a le malheur d'être le centième homme à se présenter. Le samouraï lui lance donc le défi. Le moine, effrayé, le supplie de le laisser passer, car le pli qu'il porte est d'une grande importance. Il lui dit : « Je vous promets de revenir me battre avec vous une fois ma mission accomplie. » Le samouraï, homme d'honneur, accepte donc, et le jeune moine va porter sa lettre à son destinataire.

Le grand maître, voyant le novice, comprend

que quelque chose ne va pas. Il demande donc au jeune moine ce qui s'est passé. « Je dois aller me battre avec un grand samouraï, un champion du sabre, répond-il, et je n'ai jamais touché une arme de ma vie. Je vais me faire tuer ! – En effet, lui dit alors le maître, tu vas mourir, il t'est impossible de gagner ce duel. Tu n'as donc plus besoin d'avoir peur de la mort. Mais si tu meurs, mieux vaut le faire avec panache. Je vais t'enseigner la meilleure façon de mourir. » Il va chercher un petit sabre en bois qu'on utilise pour l'entraînement et lui explique : « Tu tiendras ce sabre brandi au-dessus de la tête, les yeux fermés, et tu attendras. Ne pense à rien. Lorsque tu sentiras un froid sur le sommet de ton crâne, ce sera la mort qui approche. À ce moment seulement, tu frapperas. C'est tout… »

Le petit novice salue le maître et se dirige vers le pont où l'attend le samouraï, qui le remercie d'être revenu. Il le prie de se mettre en garde et le duel commence. Le moine, très obéissant, fait exactement ce que son maître lui a conseillé. Tenant son sabre a deux mains, il le brandit au-dessus de sa tête, et attend sans bouger. Étonné par l'attitude de son adversaire qui ne reflète ni la peur ni la crainte, le samouraï, méfiant, avance avec prudence. Impassible, le petit moine se concentre uniquement sur le sommet de son crâne. Le samouraï se dit : « Cet homme est sûrement très fort. Il a eu le courage de revenir se battre avec moi. Ce n'est certainement pas un débutant. » Le moine, toujours absorbé, ne prête aucune attention aux feintes de son adversaire. Ce dernier commence à avoir peur. Il se dit : « C'est sans aucun doute un très grand guerrier. Seuls les grands maîtres du sabre sont capables de prendre une position d'attaque dès le début d'un combat. Et en plus, lui, il ferme les yeux ! » Et le jeune moine attend toujours le moment où il sentira le froid au sommet de sa tête.

Pendant ce temps, le samouraï, de plus en plus désorienté, n'ose toujours pas attaquer, il est certain qu'il va être coupé en deux au moindre geste de sa part. Le moine, quant à lui, a complètement oublié le samouraï, il est uniquement attentif à bien appliquer les conseils que le maître lui a donnés afin de bien mourir. Ce sont les cris et les pleurs du samouraï qui le ramènent à la réalité : « Ne me tuez pas, ayez pitié de moi. Vous êtes le plus grand guerrier. S'il vous plaît, acceptez-moi comme disciple, enseignez-moi la véritable Voie du sabre ! »

Vous voyez comment la puissance intérieure d'un esprit unifié peut vaincre le guerrier le plus féroce ! Vous comprenez aussi pourquoi la classe militaire s'est approprié la tradition zen et en a pratiquement fait une religion d'État pendant des siècles. Le fait que le zen soit si étroitement associé au milieu militaire ne rend cependant pas justice à la profondeur de cette tradition. Il est difficile en effet d'imaginer comment l'art de tuer a pu s'appuyer sur une doctrine qui a toujours été opposée à toute violence envers les êtres vivants. Sans doute n'a-t-on pas suffisamment fait la distinction entre certaines pratiques, la position assise par exemple, dont on peut se servir dans n'importe quel but, et le bouddhisme zen lui-même, qui est indissociable de l'effacement total du soi. En un certain sens, le même problème se retrouve chez les hommes d'affaires japonais qui pratiquent le *zazen* (les médias disent qu'ils pratiquent le zen, mais c'est tout à fait autre chose) pour devenir plus efficaces dans le domaine professionnel en étant davantage maîtres d'eux-mêmes.

Il y a une deuxième grande tendance dans le Grand Véhicule : le bouddhisme de la foi. C'est la forme de bouddhisme que je connais le mieux puisque c'est celle que j'ai étudiée au Japon, où elle est très importante, mais les écoles bouddhiques fondées sur les *sutras* et la pensée des grands maîtres de cette tradition sont quasiment absentes en France. Certains aspects de la spiritualité du Grand Véhicule s'y reflètent d'une manière extraordinaire. Votre expérience au Japon en est le témoin.

Les grands temples où vous vous sentiez le plus à l'aise, le plus « chez vous », étaient de cette école. Là, souvent loin des grands centres touristiques, les gens simples viennent sans arrêt pour se mettre entre les mains du Bouddha Amida qui règne sur une autre « terre », une « terre pure » (voilà pourquoi on parle aussi de « bouddhisme de la Terre Pure » ou d'« amidisme »). Notre « terre », elle, est une « terre impure », où les êtres souffrent à cause de leur ignorance spirituelle. Selon les *sutras* de cette école, le Bouddha Amida a promis que tous ceux qui mettraient leur confiance en lui renaîtraient en sa « terre » et arriveraient immédiatement à l'Éveil suprême. Si vous vous rappelez ce qu'est un *kalpa* vous pouvez imaginer à quel point un message comme celui-là a pu soulager ceux qui cherchaient, en vain, la libération. Il se peut que vous vous demandiez en même temps quel rapport cette démarche peut bien avoir avec les diverses formes de bouddhisme que nous avons déjà vues ! N'est-elle pas très éloignée des notions de non-soi, de vacuité et de non-dualité ? Pas vraiment. Mais pour le saisir, il faut prendre le temps d'aller au-delà de l'idée que nous nous faisons en Occident de l'acte qui consiste à se fier totalement à la « force d'un autre » – celle du Bouddha Amida en l'occurrence.

Parler de la « force d'un autre », selon notre logique, c'est accorder une importance réelle à « l'autre » et donc contredire les notions de non-dualité et de vacuité. Mais ceux qui fondent leur vie sur cette confiance voient leur soi disparaître totalement. Seul « l'autre » existe désormais. Or, selon les amidistes, tous les efforts que l'homme fait pour arriver à l'Éveil par sa « propre force » (c'est le terme qu'utilisent les maîtres) montrent que, quelque part, il reste très attaché à son soi illusoire. En revanche, toujours selon les mêmes maîtres, l'homme qui se fie à la promesse d'Amida ne fait que reconnaître la grande solidarité qui existe entre tous les êtres au niveau de la vérité plénière (n'oubliez pas l'histoire de l'océan !). Il peut donc bénéficier lui aussi des mérites accomplis par les grands *bodhisattvas* car, au niveau le plus profond, il n'est pas autre qu'eux. S'ouvrir à l'aide promise par Amida, c'est s'ouvrir à la vérité fondamentale du Grand Véhicule et faire l'expérience de sa nature profonde, mais au niveau de la vérité relative, cela est vécu comme un don et non plus comme le fruit d'un travail intérieur (comme dans le zen, par exemple). Voilà comment les personnes très simples que vous avez vues dans vos temples préférés rejoignent les moines zen (et autres) et découvrent la même vérité, mais par d'autres moyens.

Vous avez l'impression que cette voie est trop facile ? Là encore, vous n'êtes pas les seules. En réalité, est-ce si facile que ça ? Essayez donc d'être certaines de marcher sur la bonne voie tout en renonçant à faire quoi que ce soit pour cela, et vous verrez si c'est simple ! Pourtant, si l'homme n'y renonce pas, s'il n'abandonne pas tout désir de se fier à sa « propre force », il se trouve automatiquement dans l'impossibilité de se fier à la « force de l'autre ». Vous verrez que ce n'est pas si évident !

Reste la troisième tendance du Grand Véhicule, celle du bouddhisme tantrique ou ésotérique, dont on trouve les origines en Inde au IVe siècle, à l'époque où le courant tantrique hindouiste connaissait lui-même un grand essor. Cette tendance, qui, dans le contexte bouddhique, a pris une ampleur considérable aux environs du VIIe siècle, s'est épanouie au Tibet. Aujourd'hui, elle est incarnée par le bouddhisme tibétain, bien qu'elle ait exercé aussi une très grande influence sur le bouddhisme chinois et japonais. Le terme « tantrisme » vient du mot *tantra* qui désignait à l'origine les fils tendus utilisés pour le tissage, ou la trame d'un tissu. D'où le sens qui nous concerne plus directement : celui de texte, de système ou de théorie ; ou encore de corps de doctrine mystique et magique ou l'ensemble des textes concernant ces doctrines. Souvent, ces textes sont connus des seuls maîtres initiés (d'où l'« ésotérisme » de cette doctrine, du grec *esôterikos*, c'est-à-dire qu'on ne peut comprendre que « de l'intérieur ») ; ils expliquent les pratiques et les rites qui sont destinés à aider l'homme à réaliser sa nature fondamentale. Puisque cette nature fondamentale est la nature de Bouddha – la vacuité –, de nombreux chercheurs placent cette tendance à l'intérieur du bouddhisme du Grand Véhicule. Mais les pratiquants du tantrisme préfèrent utiliser le terme *vajrayâna* (Véhicule du Diamant), car cette forme de bouddhisme offre, selon eux, le moyen le plus rapide et le plus efficace d'arriver à l'Éveil et devrait donc être considérée comme un « Véhicule » à part entière.

Dans le premier chapitre, je vous ai invitées à repenser à certains de nos voyages dans des centres tibétains de France. Lors de ces visites, vous avez déjà pu constater à quel point ce bouddhisme intègre l'homme tout entier (corps, parole et esprit) à la démarche spirituelle. L'architecture et le décor des bâtiments, la très riche iconographie, les rites splendides, la sonorité des instruments musicaux, l'encens, la positions du corps lors de la méditation – y compris les *mudras*, positions des mains qui vous ont beaucoup impressionnées –, tout cela plonge l'homme dans l'expérience du *Dharma* (la Loi ou l'Enseignement bouddhique). Cette expérience est nourrie aussi par la récitation des *mantras*, paroles qui portent la puissance de multiples divinités, *bodhisattvas*… qui « peuplent » ce qui donne l'impression d'être un véritable panthéon bouddhique. Enfin, à travers la méditation des *mandalas* (représentations très organisées du cosmos), le pratiquant fait sienne la sagesse profonde qui est au cœur de l'expérience d'Éveil. Il n'est guère surprenant que ce bouddhisme-là, qui touche l'homme tout entier, attire tant de Français en quête d'une voie qui puisse les mener à une expérience totale de la vérité.

Je m'en tiendrai à cette remarque sur l'attirance qu'exerce le bouddhisme tantrique sur les Français. Sachez seulement que les autres formes de bouddhisme attirent, elles aussi, de nombreux Français. Il nous faut donc maintenant essayer de découvrir les raisons de cet intérêt qui ne cesse d'étonner les observateurs du milieu religieux et qui, je le sais bien, pique votre curiosité. Tout ce que vous avez lu jusqu'ici et, bien sûr, votre propre expérience vous font probablement déjà pressentir qu'il n'y a là rien que d'assez naturel. En lisant le chapitre suivant, vous découvrirez sans doute que le contraire serait surprenant. Mais je vous laisse en juger par vous-mêmes.

9

Pourquoi les Français sont-ils séduits par le bouddhisme ?

Nous voici arrivés à la fin de ce « récit »... ou presque, car je n'ai pas oublié ma promesse d'essayer d'expliquer pourquoi aujourd'hui tant de Français et d'Occidentaux s'intéressent au bouddhisme. Ce qui va suivre est fondé essentiellement sur les relations que j'ai pu nouer depuis plus de vingt ans avec les pratiquants de diverses formes de bouddhisme. Paradoxalement, c'est à l'Institut de science et de théologie des religions de l'Institut catholique de Paris que j'ai rencontré beaucoup de ces personnes. Pour des raisons que je ne comprends pas toujours très bien, je les retrouve dans mes cours d'introduction à cette tradition. Quoi qu'il en soit, en échangeant, parfois après les cours, parfois lors de rencontres organisées par mes étudiants (bouddhistes et non bouddhistes), j'ai appris énormément de choses sur les dispositions intérieures qui étaient les leurs et qui ont rendu plus facile leur ouverture au bouddhisme. En un sens, ce sont donc toutes ces personnes qui, par le biais de ce livre, vont vous parler de leur expérience.

La manière la plus claire d'aborder cette question sera simplement d'établir une liste de ces attitudes ou de ces dispositions. Il se peut que relativement peu de personnes partagent toutes ces attitudes à la fois. Vous noterez sans doute que, même si vous n'êtes pas bouddhistes, certaines de ces dispositions vous sembleront très proches des vôtres. C'est bien normal, puisque le bouddhisme, tout comme le christianisme, propose des réponses aux énigmes qui, depuis toujours, touchent l'humanité en plein cœur : la vieillesse, la souffrance, la mort… Tous ceux qui refusent de s'enfermer dans les « cages dorées » que nous avons évoquées plus haut (voir chapitre 3) risquent donc de se retrouver parfois dans leur recherche commune de la vérité. En ce sens, certaines de ces attitudes peuvent aussi bien être le point de départ d'un engagement dans une tradition autre que le bouddhisme. Ce qui nous intéresse c'est donc plutôt l'ensemble qui, vous allez le voir, prépare tout naturellement à la prise de refuge dans le Bouddha, le *Dharma* et la Communauté bouddhique.

Pour que vous ne vous y perdiez pas, je vais tout suite vous donner la liste complète :

– l'insatisfaction vis-à-vis du monde tel qu'il va ;

– la difficulté à se reconnaître dans les discours habituels sur Dieu ou l'Absolu ;

– l'insistance sur la primauté de l'expérience comme critère de la vérité ;

– la volonté de prendre en main son propre progrès spirituel ;

– la conscience aiguë que l'individu ne peut pas arriver à développer tout son potentiel humain en une seule vie ;

– le désir profond d'intégrer le corps à la démarche spirituelle ;

– le besoin fort d'un maître spirituel ;

– l'aspiration à appartenir à une communauté « authentique ».

Nous allons reprendre plus en détails chacune de ces dispositions ou de ces attitudes et nous verrons mieux les affinités qui existent entre elles et tout ce que nous avons vu jusqu'ici.

D'abord, les personnes qui s'intéressent au bouddhisme n'arrivent généralement pas à se satisfaire du monde tel qu'il va. Elles savent, comme vous, que la société de consommation ne peut pas, à elle seule, offrir de véritable bonheur. Elles sont convaincues aussi que notre monde de compétition, fondé sur l'individualisme, conduit inévitablement aux conflits et qu'il est incapable de combler le désir qu'elles éprouvent d'harmonie, de paix intérieure et de paix entre les hommes. Elles sont également perplexes devant le processus de la mondialisation, car il leur semble trop souvent déshumanisant, surtout pour les plus pauvres et pour tous ceux qui ont l'impression de ne pas avoir leur mot à dire sur les valeurs qui vont orienter le nouvel ordre mondial. Comme elles sont également peu convaincues de la pertinence de l'énorme effort que le monde occidental a fait pendant des millénaires pour maîtriser le monde extérieur afin de le rendre plus satisfaisant (ou moins insatisfaisant, si vous préférez), elles commencent à se demander s'il ne vaudrait pas mieux chercher d'abord la maîtrise du monde intérieur. Or, cette disposition va tout à fait dans le sens de la démarche bouddhiste puisqu'elle vise à « purifier le mental » et à permettre à l'homme, une fois cela accompli, de faire enfin l'expérience du bonheur « qui l'accompagnera d'aussi près que son ombre inséparable » (j'espère que vous n'avez pas oublié ce verset essentiel du *Dhammapada* !). On retrouve en écho la même disposition dans le cœur de celui qui fait l'expérience de ce niveau le plus profond de la conscience où s'efface toute distinction entre les individus.

La deuxième attitude concerne le discours traditionnel sur Dieu. Pour dire la vérité, c'est l'idée même que les grands monothéismes se font de Dieu qui est là radicalement mise en question. On pourrait évidemment écrire une bibliothèque entière sur le problème de Dieu. Je me limiterai ici à la présentation de quelques-uns des multiples aspects de ce problème, dont parlent souvent les bouddhistes – mais pas seulement eux – quand nous l'abordons ensemble en toute franchise (je ne vous donnerai pas mes « réponses » à leurs interrogations, car cela sortirait du cadre de cet ouvrage. Si vous souhaitez les connaître, venez me voir quand vous voulez ! Il doit y avoir quelques avantages à être les filles de l'auteur !).

Nous allons commencer par une difficulté qui, à dire vrai, est partagée par la plupart des hommes. Elle est directement liée au problème classique du mal : vous le connaissez bien parce que nous en avons discuté très souvent en famille. Vous vous rappelez comment l'existence de la souffrance dans notre monde (celle de vos amis à l'école, de membres de notre famille élargie, etc.) vous avait conduites à vous poser des questions sérieuses sur l'existence d'un Dieu d'amour, tout-puissant et désirant le bien de tous. Au fil des années, en découvrant ce qui se passait à travers le monde et ce qui s'était passé à travers les siècles, vous avez peu à peu compris l'ampleur de ce problème et pourquoi il avait fait couler tant d'encre en Occident – et continuait à le faire ! Il ne vous sera donc pas difficile d'imaginer pourquoi certains, écrasés par le poids de la souffrance et du mal, dans le monde ou dans leur propre vie, en ont simplement conclu que ce Dieu d'amour ne pouvait pas exister. Cependant, mettre en question l'existence de Dieu ne rend pas plus compréhensible l'existence du mal ! Et c'est là que la « loi karmique » entre en jeu. D'après cette loi, vous vous en souvenez, la souffrance de « l'innocent », ou celle de n'importe qui d'ailleurs, est le fruit des actes négatifs posés lors des existences antérieures. Tout s'explique donc. Le problème du mal, qui sera toujours une énigme pour ceux qui veulent continuer à croire en Dieu, est ainsi résolu. Cela peut expliquer en bonne partie pourquoi certains « déçus » de la tradition judéo-chrétienne s'intéressent au bouddhisme.

Il y a une autre difficulté d'ordre philosophique. J'ai des amis et des étudiants qui pensent que croire en Dieu, c'est être prisonnier d'un « anthropomorphisme » totalement inacceptable aujourd'hui. Véronique, toi qui aimes les langues anciennes, tu apprécieras ce terme qui vient de deux mots grecs – *anthropos* (homme) et *morphê* (forme) –, mais sans doute moins d'être traitée d'« anthropomorphiste » ! Pourtant si nous voulons essayer de comprendre d'où vient cette idée, reconnaissons d'abord que ces amis ne pensent pas, en général, que nous imaginons Dieu comme un vieil homme à barbe blanche, ainsi qu'il est représenté dans certaines œuvres d'art. Ni leurs critiques, ni notre foi ne sont naïves à ce point ! Non, leurs critiques portent sur un tout autre problème, qui touche de très près la manière chrétienne de « penser » Dieu. Ils me disent, par exemple, qu'ils ne comprennent pas comment les chrétiens peuvent affirmer avec tant de conviction que Dieu est amour, qu'il est miséricordieux, juste… Pour eux, ces termes sont à l'évidence des projections d'expériences tout à fait humaines. Les attribuer à l'Absolu n'a pas de sens, car cela voudrait dire poser des limites à cet Absolu dont il est impossible de dire quoi que ce soit de pertinent, et ferait de lui un individu parmi d'autres individus (semblable à nous par exemple). Finalement, c'est l'idée même que Dieu – ou l'Absolu – est tout à la fois radicalement autre que l'homme (nous touchons ici au problème de l'« altérité » de Dieu), et en même temps capable d'entrer en relation avec lui, qui est mise en question. Parler d'un Dieu « personnel » est, en définitive, inacceptable. Vous voyez qu'il n'est pas si facile de répondre à l'« accusation » d'anthropomorphisme ! Cette attitude, là encore, est en parfait accord avec la pensée bouddhique qui refuse toujours de parler de l'« Absolu » et à laquelle toute idée d'un Dieu personnel est étrangère. Les mots, les symboles, les rites, les doctrines... dans cette tradition sont complètement relatifs par rapport à la vérité ultime (à la nature du Bouddha, à la nature profonde de tout être) car elle ne peut laisser aucune place à l'altérité. Vous voyez que cela nous plonge dans des dossiers philosophiques très épineux que vous pourrez étudier vous-mêmes pendant vos heures de loisir !

La dernière difficulté dont je veux dire un mot, c'est l'idée que parler de Dieu, c'est s'exclure immédiatement de la modernité et, pire encore, se couper de la pensée scientifique. La physique quantique ne montre-t-elle pas que la ligne qui sépare le monde visible du monde invisible, la matière de la non-matière, n'est pas aussi claire qu'on l'imagine, si bien qu'un langage qui prend en compte la notion de « surnaturel » semble désormais très naïf, ainsi d'ailleurs que toute référence à l'existence d'un Dieu qui dépasserait infiniment l'homme… Le bouddhisme semble ainsi répondre beaucoup mieux aux attentes des personnes qui tiennent pour primordiale la rigueur scientifique : nous avons vu à plusieurs reprises qu'il s'inscrit en effet dans une tradition forte du « réel » vu comme mouvant, fluide ; cette approche semble assez voisine de celle de certains scientifiques aujourd'hui. Pour être honnête, je ne connais pas assez bien la physique quantique pour entrer dans un débat sur ce sujet mais ce débat est ouvert. La science, à travers un nombre significatif de chercheurs, commence également à s'intéresser à l'esprit humain, alors que c'était, dans le passé, un domaine réservé aux philosophes. Voilà une autre affaire à suivre, surtout si vous pensez vous spécialiser dans les « neurosciences » ! Moi, je préfère rester avec mes anciens textes chinois et japonais : ils sont moins compliqués !

Ces remarques vous ont préparées à découvrir la troisième attitude. De toute évidence, si la notion de Dieu est devenue étrangère et si la vision « scientifique » du monde domine au point parfois d'exclure tout autre regard sur l'homme, il n'est plus guère de place pour les religions révélées. Dans le meilleur des cas, elles seront « tolérées ». Mais que dire sur la vérité des choses quand le critère de cette vérité est l'expérience de chacun ? Or, cette attitude est très répandue aujourd'hui, ce qui explique que l'homme contemporain ait du mal à accepter l'idée même qu'une instance quelconque ait le droit de dire à sa place ce qu'est la vérité. Plus de « dogmes » ! Et comme le bouddhisme est très souvent présenté comme une religion sans Dieu ni dogmes, vous voyez aisément en quoi cette attitude contribue à la création d'un terrain favorable. Rappelez-vous aussi à quel point j'ai insisté sur l'importance, dans la tradition bouddhique, de la vérification : tout ce qui est proposé doit être vérifié par l'expérience propre à chacun. Mais n'en concluez pas que les bouddhistes peuvent croire n'importe quoi et espérer réellement à arriver à l'Éveil, ni qu'ils pensent vraiment que toutes les religions se valent.

La quatrième attitude est liée à une autre conviction de l'homme moderne : chacun doit assumer la responsabilité de son propre progrès, dans tous les domaines de la vie, et peut-être surtout dans celui de la vie intérieure. On le voit bien dans les stages de toutes sortes offerts à ceux qui veulent développer pleinement leur potentiel humain et à l'enthousiasme que les participants y mettent ! Malheureusement, cet enthousiasme n'est pas toujours accompagné d'un vrai discernement, ce qui donne des résultats spirituellement insatisfaisants… Ces personnes, en général, ne veulent plus entendre parler de la grâce, surtout de celle d'un Dieu personnel (puisqu'elles ne peuvent accepter l'idée de son existence). Or, ce refus rend inaudible tout un vocabulaire lié à l'histoire religieuse de l'Occident. Les mots « salut », « pardon », « péché », etc., perdent leur valeur et même leur sens. Pourtant, ces personnes sont profondément sincères dans leur désir de vie intérieure. D'où sans doute leur ouverture au bouddhisme, qui emploie un tout autre vocabulaire. Dans mes cours sur le bouddhisme et le christianisme, par exemple, il est beaucoup plus facile de parler du *karma* que de la grâce, de la libération que du salut, de l'ignorance que du péché, de la purification du mental que du pardon, de la compassion des *bodhisattvas* que de l'amour de Dieu, de l'Éveil et du *nirvana* que de la résurrection… Au fond, le vocabulaire chrétien est, pour beaucoup, associé à une culpabilité paralysante. Bien que ces images du christianisme me soient étrangères, je ne peux mettre en doute l'expérience que ces personnes en ont faite et qui a dû être très douloureuse. Et il est facile, une fois de plus, de voir pourquoi le bouddhisme peut être intéressant : il accueille et accepte la personne là où elle en est de son cheminement et lui propose des pratiques adaptées et capables de l'aider à avancer vers l'Éveil. De plus, si, tout au long de cette voie, chacun est totalement responsable de son progrès, il n'y a pas de juge qui regarderait tout et serait prêt à punir qui n'avancerait pas. Il n'y a pas davantage de Dieu miséricordieux prêt à pardonner. L'essentiel se joue dans la purification du mental, qui fait passer le pratiquant, à son rythme, d'une vie illusoire fondée sur l'ignorance à l'Éveil total qui lui permettra de voir enfin les choses telles qu'elles sont.

Ces considérations nous conduisent directement à la cinquième attitude mentionnée dans notre liste : la conviction que l'individu ordinaire, livré à lui-même, est incapable de développer tout son potentiel humain en une seule vie. Autrement dit, mis à part quelques êtres d'exception, personne n'échappera à un très douloureux sentiment d'inachèvement à l'heure de sa mort. Face à cette situation, il y a trois interprétations possibles. La première, c'est que la vie n'a pas de sens. Cette position, tenue par certains philosophes, ne nous intéresse pas vraiment ici. La deuxième, c'est que la vie sera définitivement transformée après la mort physique. Cette conviction correspond, *grosso modo*, à la foi en la résurrection. Il faudrait cependant considérablement nuancer cette proposition pour que des théologiens chrétiens puissent l'accepter. La dernière, c'est que, après la mort, l'âme ou l'esprit passe dans un autre corps pour continuer à avancer vers le perfectionnement. C'est la croyance en la réincarnation.

J'ai soigneusement choisi le mot « croyance », car, pour de nombreuses personnes, la réincarnation est un fait scientifiquement établi. Mais n'érige-t-on pas en fait scientifique ce qui n'est qu'une interprétation parmi d'autres d'une expérience (celle du « souvenir » de vies antérieures) qui échappe en réalité à toute explication scientifique ? Cette interprétation a en réalité un statut semblable à la croyance en la résurrection qui est, elle aussi, l'interprétation d'une expérience (celle des premiers chrétiens) échappant à l'analyse scientifique. En tout état de cause, aujourd'hui en France, et en Occident en général d'ailleurs, cette troisième possibilité fascine énormément.

Si vous avez bien compris ce que j'ai écrit sur les Quatre Nobles Vérités, vous devez vous demander pourquoi je mets cette croyance en la réincarnation sur la liste des attitudes qui disposent les Français à devenir bouddhistes. En effet, l'idée même qu'il puisse exister un « soi permanent » ou une « âme » qui pourrait passer de corps en corps (c'est le sens même du mot « réincarnation ») ne correspond pas du tout à l'enseignement de base du Bouddha sur la vacuité du soi. Nous avons vu que la proposition « Les bouddhistes croient en la réincarnation » avait été présentée sous la rubrique « Bêtisier » dans le numéro hors série de la revue *Dharma*. Comment une « bêtise » pourrait-elle donc disposer quelqu'un à devenir bouddhiste ? Tout simplement parce que les idées qui circulent sur la réincarnation ressemblent vaguement à la notion de *samsara* que nous avons traitée plus haut. Les personnes qui croient à ces idées superficielles se rendent donc plus facilement dans des centres bouddhistes. Et là, les maîtres, avec leur admirable pédagogie, leur expliquent la véritable signification du *samsara*, qui est infiniment plus subtile qu'on ne l'imagine. Ainsi cette croyance peut-elle devenir le point de départ d'un cheminement authentique au sein de la tradition bouddhiste.

Presque sans transition nous pouvons passer à la sixième attitude, c'est-à-dire au besoin qu'éprouvent de plus en plus de personnes de véritablement intégrer le corps à leur démarche spirituelle. Il existe déjà depuis longtemps en France un intérêt réel pour le yoga. Vous avez pu constater aussi que les « arts martiaux » étaient associés aux diverses spiritualités arrivées d'Extrême-Orient. Rappelez-vous comment nous avons dessiné ensemble l'idéogramme japonais qui signifie la « Voie » ! Vous avez été étonnées d'apprendre alors qu'il s'agissait d'un élément que vous pouviez retrouver dans plusieurs mots qui faisaient déjà partie de votre vocabulaire : la Voie, c'est le *« dô »* de *« Judô »* (la Voie de souplesse), le *« dô »* de *« Kendô »* (la Voie du sabre), etc. Vous avez appris en même temps le sens plus spécifiquement religieux de cet idéogramme, car c'est aussi le *« tô »* de *« shintô »* (la Voie des *kami*, c'est-à-dire des divinités vénérées au Japon), le *« dô »* de *« but-*

sudô » (la Voie du Bouddha) et le « *Tao* » du taoïsme (une tradition d'origine chinoise qui a exercé une très grande influence sur tous les pays environnants). Une des choses que ces diverses « Voies » ont en commun, c'est l'intuition extrêmement forte que les dimensions corporelles et spirituelles de l'individu sont absolument inséparables. Tout véritable progrès dans la vie intérieure est donc impossible si le corps n'y est pas associé.

Si vous ajoutez à cela une certaine déception liée à l'approche jugée trop « cérébrale » de la vie spirituelle, vous aurez en main quelques éléments de plus qui vous aideront à comprendre l'intérêt des Occidentaux pour le bouddhisme. En effet, les diverses formes de bouddhisme (le zen, par exemple) ont toujours souligné l'importance de la position du corps lors des pratiques de méditation ou de concentration. Dans quasiment tous ces exercices, la respiration joue également un rôle capital. Dans certaines écoles (celles du bouddhisme tibétain par exemple), des rites magnifiques et l'utilisation de *mandalas* (représentations du cosmos) offrent des possibilités exceptionnelles pour progresser sur la Voie qui mène à l'Éveil. Tout cela peut donc répondre aux attentes d'un très vaste public.

L'avant-dernier élément de notre liste concerne l'attachement d'un nombre croissant d'Occidentaux au rôle du maître spirituel. Il s'agit là d'une attitude partagée par la plupart des religions, car chacun sait que de véritables pièges guettent l'homme qui s'engage sur une voie spirituelle. Il suffit de lire les grands textes écrits par les saints ou les maîtres pour s'en rendre compte. Mais les véritables maîtres spirituels ne sont pas légion, vous l'avez peut-être déjà remarqué ! Pour en trouver un, un chrétien va généralement dans un monastère ou se met en contact avec des personnes qui ont une véritable expérience de la vie intérieure et qui ont reçu la formation d'un guide spirituel. Mais ceux qui sont éloignés de l'Église, voire de la foi chrétienne, ne font que rarement cette démarche. Ils considèrent donc que la présence des maîtres bouddhistes est une véritable chance. Ils peuvent bénéficier de l'expérience de ces hommes (et femmes) dont la qualité d'écoute et la sagesse sont volontiers reconnues par les moines chrétiens. C'est pourquoi quand ces derniers parlent des maîtres bouddhistes comme de « techniciens de l'intériorité », c'est un compliment qu'ils leur font. La difficulté, du côté bouddhiste aussi, c'est que le nombre de maîtres véritables est limité. Au fur et au mesure que le nombre de bouddhistes augmentera, il deviendra sans doute beaucoup plus difficile pour chacun de bénéficier de la même qualité de rapports avec le maître. Les bouddhistes, bien sûr, le savent, et, pour cette raison, la formation des maîtres est devenue une des préoccupations principales de nombreux centres en France.

Nous voilà enfin arrivés au dernier point de la liste, et je vous parlerai de quelque chose qui ne vous fera peut-être pas plaisir. De nombreux Occidentaux cherchent une communauté authentique, c'est-à-dire une communauté où tout le monde se connaît, se montre enthousiaste, pratique sa religion avec intensité et ferveur – ce qui en soi ne peut pas vous gêner puisque vous partagez la même aspiration. Mais ces personnes trouvent le plus souvent que l'Église n'est justement pas une communauté de ce type. Selon eux, beaucoup de gens se disent catholiques ou chrétiens sans vivre les valeurs proposées par l'Évangile, ce qui met en question ces valeurs elles-mêmes. Au contraire, quand ils se rendent dans un centre bouddhique, ils découvrent une communauté très vivante où, de manière générale, ils ne voient pas de bouddhistes « sociologiques » ou « culturels », c'est-à-dire de personnes qui se diraient bouddhistes simplement parce que leur famille a toujours été bouddhiste, ou parce que le fait d'« être » bouddhiste constitue un des éléments de leur identité culturelle. Ces personnes en arrivent parfois alors à la conclusion que le bouddhisme est une religion qui est, en soi, authentique, tandis que le christianisme ne l'est pas.

Là, il faut être lucide et bien voir qu'il s'agit plutôt d'une illusion des Occidentaux. Quand nous habitions au Japon, où les chrétiens sont une toute petite minorité dans le pays (à peu près 1 % de la population, comme les bouddhistes en France), les personnes qui se convertissaient au christianisme le faisaient souvent parce qu'elles voulaient appartenir à un groupe plus authentique ! Le problème de base vient de ce qu'une religion, pour des raisons historiques, est parfois identifiée à une culture : inévitablement, à long terme, elle en souffrira. Comme le christianisme en France, le bouddhisme au Japon, et dans d'autres pays culturellement bouddhistes, a beaucoup de mal à passer auprès de certaines couches de la population. Pourtant, le bouddhisme au Japon, comme le christianisme en France (et vous êtes bien placées pour le savoir), montre des signes de vitalité extraordinaires, que les déçus du bouddhisme dans le pays ne voient pas. Mais cela ne vous consolera guère car le problème demeure : chez nous, pour beaucoup, le message chrétien est devenu irrecevable.

Notre tour d'horizon est terminé. Vous pourrez peut-être en parler avec vos amis et voir ce qu'ils en pensent. Ils se retrouveront sans doute dans quelques-unes de ces attitudes, même s'ils ne s'intéressent ni au bouddhisme ni au christianisme. En effet, les grandes questions posées dépassent les limites de ce livre et constituent, à côté d'une indifférence désolante pour la dimension spirituelle de la vie humaine, une des multiples composantes du terrain sur lequel vous allez construire votre avenir et celui de vos enfants. Mais là j'anticipe sur ma conclusion. Je m'arrête donc et vous laisse à vos réflexions sur la pertinence de ce que vous venez de lire.

Conclusion

Quelques conseils et un vœu pour l'avenir !

Vous le savez : quand je commence à parler du bouddhisme, j'ai beaucoup de mal à m'arrêter mais… il y a tant de choses à dire ! Chacune des écoles bouddhiques, en effet, mériterait à elle seule qu'on lui consacre toute une bibliothèque. Ces bibliothèques existent d'ailleurs dans les pays bouddhistes, et il y en a aussi en France, du moins pour les écoles les plus connues ici, comme le zen et le bouddhisme tibétain. C'est pourquoi je n'ai pas voulu passer trop de temps à vous dire des choses que vous pouvez très facilement trouver ailleurs. En effet, il est toujours plus fructueux de commencer par une vision globale des choses ; on peut chercher ensuite des livres sur telle ou telle école à laquelle on s'intéresse plus particulièrement et on sera moins tenté alors d'oublier qu'elle se situe dans un cadre beaucoup plus vaste que ne l'imaginent la plupart des Occidentaux. Maintenant, à vous de jouer ! Mais avant de vous laisser, je voudrais partager avec vous une expérience qui m'a profondément marqué, ce qui me permettra aussi d'exprimer un vœu pour l'avenir.

Cette expérience remonte à plus d'une dizaine d'années. J'étais parti passer l'été au Japon pour faire des recherches… sur le bouddhisme. Lors de ce séjour, je me suis rendu au Saikaku-ji, un temple rattaché à l'école *Shin*, une des écoles de ce que l'on appelle la tradition de la Terre Pure ou encore le bouddhisme de la foi, dont nous avons parlé au chapitre 8 (au Japon, cette forme de bouddhisme compte plus d'adeptes que le zen). J'étais donc dans ce temple, situé au cœur de l'ancienne ville de Hikone, dans des bâtiments de bois datant de plus de quatre cents ans, très semblables à ceux de nombreux temples que nous avons visités ensemble. Je me rappelle le grand hall où trône l'énorme statue du Bouddha Amida qui est vénéré là ; je me rappelle le son rythmé de la cloche du temple, et l'odeur de l'encens (cette odeur que vous aimez tellement) qui flottait dans l'air déjà alourdi par la chaleur et l'humidité presque étouffante de ce soir du mois d'août.

Mais je me rappelle surtout les sentiments que j'éprouvais à ce moment-là. J'étais assis à même le sol, à la japonaise, face aux responsables d'une vingtaine de temples, à la place du prédicateur. J'avais en effet été invité à parler à ces hommes de l'enseignement de Shinran Shônin (1173-1262), un moine japonais très vénéré car il a fondé le bouddhisme *Shin*. Vous me connaissez assez pour vous imaginer à quel point j'étais embarrassé ! Et que tout se passe en japonais n'arrangeait pas les choses. Cependant, malgré une poussée de tension et de vives douleurs dans mes jambes d'Occidental trop raide (votre père n'est pas aussi souple qu'il l'était dans sa jeunesse !), cette expérience, je m'en suis rendu compte très vite, a finalement été extrêmement positive.

En effet, le lendemain au petit déjeuner, j'ai vu et j'ai compris en croisant le regard du vieux bonze qui m'avait invité que nous avions tous les deux appris quelque chose d'absolument fondamental. Nous avions compris que, au plus profond de nous-mêmes, nous étions très proches l'un de l'autre malgré les différences considérables d'âge, de culture, de langue… qui nous séparaient. Nous avions fait une expérience essentielle et découvert que la quête spirituelle de tous les hommes nous réunissait. Lors de notre rencontre, nous avons beaucoup parlé, ce « prêtre » bouddhiste et moi : ce faisant, nous avons pu mesurer nos limites et celles de nos traditions respectives. Nous avons aussi compris la valeur qu'il y a à se laisser interpeller par l'expérience de l'autre dans ce qu'elle a de différent. Bref, nous sommes allés au-delà d'une tolérance facile, qui n'est très souvent que l'autre visage de l'indifférence, indifférence polie mais indifférence quand même, et le jour où vous ferez l'expérience d'être « tolérées », vous comprendrez ce que je veux dire. Cela m'est arrivé plusieurs fois, et je ne l'ai jamais oublié.

« Mais que peut-il y avoir au-delà de la tolérance ? » vous demandez-vous sans doute. Eh bien, il y a le dialogue ! Le dialogue, car il va de pair avec le respect authentique d'autrui. Le dialogue, car dialoguer, c'est reconnaître qu'on a besoin d'autrui pour avancer sur sa propre voie et qu'en accueillant autrui dans toute sa différence l'on devient davantage soi-même. Autrement dit, il vous faut être absolument convaincues que chacun a quelque chose à vous dire sur le mystère qui *vous* fait vivre. Et vous avez, vous aussi, quelque chose d'essentiel à dire sur ce mystère, quelque chose qui vient de votre expérience et de votre tradition. Si vous oubliez tout ce qui est écrit plus haut, au moins, n'oubliez pas cela.

Avant de terminer, je voudrais vous donner quelques conseils ! D'abord, lorsque votre partenaire dans le dialogue exprime ce qu'il croit, ne dites pas : « Tiens, c'est bizarre ! » Cela exprime déjà un jugement et ferme la porte à un vrai dialogue. Mieux vaut dire simplement : « Comme c'est différent ! » Voilà une expression qui ouvre au dialogue.

Ensuite, ne comparez pas le meilleur d'une tradition avec le pire de l'autre. C'est malheureusement très courant et cela rend le dialogue impossible. Combien de fois avez-vous entendu dire : « Le bouddhisme est une religion de paix et de tolérance mais les grands monothéismes ont toujours engendré guerres et violence » ? Évidemment, d'autres affirmations, aussi peu nuancées, vont dans l'autre sens. Partez donc toujours d'en haut, avec les idéaux proposés par le bouddhisme et par le christianisme, en sachant qu'il y a toujours eu des abus des deux côtés.

Enfin, ne dites pas : « Tiens, c'est la même chose que chez nous ! » Cela revient très souvent à en rester à une perception fort superficielle et à ne pas accueillir la différence de l'autre.

Un exemple concret vous aidera à comprendre. On entend souvent dire qu'il n'y a pas de différence entre la compassion « bouddhique » et l'amour (ou la charité) « chrétien(ne) », probablement parce que ces deux vertus se manifestent par un comportement quasi identique vis-à-vis d'autrui. Cette affirmation est accueillie avec enthousiasme par nombre de bouddhistes et de chrétiens, mais elle ignore le fait que ces vertus s'inscrivent dans deux visions tout à fait spécifiques, et bien différentes, du monde et de l'homme.

Dans le contexte bouddhiste, la compassion, isolée de la sagesse, n'a pas de sens. La sagesse permet au pratiquant de voir les choses comme elles sont en réalité : interdépendantes, impermanentes et sans existence propre selon certaines écoles ; selon d'autres, la multiplicité des phénomènes, des individus, etc., est du domaine de la vérité relative ou provisoire, mais au niveau de la vérité plénière, celui de la non-dualité, toutes les distinctions s'évanouissent. Quelle est donc la véritable source de la compassion bouddhique ? Ce ne peut évidemment pas être la valeur absolue de l'individu qui en est « l'objet ». Non, c'est la conviction que tous les êtres sont interdépendants, ou que tous les êtres partagent la même « nature de Bouddha » (« "l'autre" n'est pas aussi "autre" qu'on l'imagine », vous vous souvenez de cette phrase ?). Il faut noter aussi que la compassion s'exerce au niveau de la vérité relative. Quel sens en effet pourrait-elle avoir une fois que tous les êtres sont définitivement éveillés ou « nirvanés », une fois que leur « nature de Bouddha » est parfaitement réalisée, une fois que la vérité plénière de la non-dualité ou de la vacuité est devenue une évidence ?

Et l'amour « chrétien » ? Cette vertu fait partie d'une tradition qui accorde à la personne humaine un statut extraordinaire puisque tout homme y est dit « créé à l'image de Dieu ». La relation, fondée sur l'amour de Dieu pour l'homme, de l'homme pour Dieu et de chaque homme pour ses semblables, est donc privilégiée et ne saurait être relativisée. Toute relation d'amour est la rencontre de deux libertés inviolables ; elle est donc appelée à perdurer, à s'intensifier et elle fait partie de l'accomplissement de la personne humaine. L'amour, dans la tradition chrétienne, est donc lié à une certaine idée de la personne, de la relation et du destin de l'homme. Et il est la vérité ultime.

Ces différences fondamentales entre compassion « bouddhique » et amour « chrétien » se voient d'ailleurs fort bien dans la vie du Bouddha et celle du Christ. Le Bouddha n'a cessé d'exercer la vertu de compassion, toujours avec une parfaite équanimité et une totale maîtrise de soi. Le Christ a aimé jusqu'à la mort et, dans l'angoisse de mourir dont il a fait l'expérience (relisez les textes sur son dernier repas et son agonie au Jardin des oliviers), il a exprimé le désir d'avoir ses amis à ses côtés et il leur a promis de ne jamais les abandonner.

Comment chrétiens et bouddhistes peuvent-ils donc dialoguer ? Ils ont besoin les uns les autres car ce sont les différences qui interpellent, qui obligent à aller plus loin dans la recherche spirituelle. Comment ? Ce n'est pas ici le lieu de vous répondre. Mais lancez-vous dans le dialogue et vous le découvrirez peu à peu !

Si la rencontre (éventuelle !) entre vous et vos amis bouddhistes se passe dans un esprit de respect mutuel pour les idéaux extrêmement nobles que vous vous efforcez de mettre en pratique, si elle se vit dans un même esprit d'humilité devant l'écart qui demeure toujours entre le « dire » et le « faire », si elle se fait dans une honnêteté qui permet à chacun de dire ce qui le fait vivre, alors cette rencontre sera certainement fructueuse pour vous et pour le monde que vous êtes appelés à construire ensemble.

Quelques livres pour aller plus loin

Bareau, André, *La Voix du Bouddha*, Philippe Lebaud-Éditions du Félin, Paris, 1996.
Bechert, Heinz, et Gombrich, Richard Francis, *Le Monde du bouddhisme*, Bordas, Paris, 1984.
Berval, René de, *Présence du bouddhisme* (sous la direction de R. de Berval), Gallimard, Paris, 1987.
Boisselier, Jean, *La Sagesse du Bouddha*, Gallimard, coll. « Découvertes », n° 194, Paris, 1993.
Conze, Edward, *Le Bouddhisme dans son essence et son développement*, Payot, coll. « Petit bibliothèque Payot/ Documents », n° 223 (première édition, 1951), Paris, 1995.
Faure, Bernard, *Le Bouddhisme*, Flammarion, coll. « Dominos », n° 109, Paris, 1996.
Gira Dennis, *Comprendre le bouddhisme*, Bayard Éditions-Centurion, Paris, 1989 ; Le Livre de Poche, Paris, 1998.
Harvey, Peter, *Introduction au bouddhisme. Enseignements, histoire, pratiques*, Éditions du Seuil, Paris, 1993.
Lowenstein, Tom, *L'Éveil du Bouddha*, Albin Michel, Paris, 1996.
Martin, Jacques, *Introduction au bouddhisme*, Cerf, Paris, 1989

Rahula, Walpola, *L'Enseignement du Bouddha, d'après les textes les plus anciens*, Éditions du Seuil, coll. « Points Sagesse », n° 13, Paris, 1978.
Wijayaratna, Mohan, *Sermons du Bouddha*, Cerf, Paris, 1988.

Table

RÉALISATION : PAO ÉDITIONS DU SEUIL
IMPRESSION : BCI À SAINT-AMAND (CHER)
DÉPÔT LÉGAL : FÉVRIER 2000. N° 33543 (00330/1)